我的青春我的梦
全国中学生校园美文精品集萃丛书

一刻向谁心上滴.

你好，旧时光

《中学生博览》杂志社 选编

时代文艺出版社

图书在版编目（CIP）数据

你好，旧时光 / 《中学生博览》杂志社选编 . —长春：时代文艺出版社，
2018.8（2023.6重印）

（"我的青春我的梦"全国中学生校园美文精品集萃丛书）

ISBN 978-7-5387-5670-8

Ⅰ . ①你… Ⅱ . ①中… Ⅲ . ①作文－中学－选集 Ⅳ . ①H194.5

中国版本图书馆CIP数据核字（2018）第000161号

出 品 人　陈　琛

产品总监　郭力家

责任编辑　刘　兮

装帧设计　李　斌

排版制作　隋淑凤

你好，旧时光

《中学生博览》杂志社　选编

出版发行 / 时代文艺出版社

地址 / 长春市福祉大路5788号　龙腾国际大厦A座15层　邮编 / 130118

总编办 / 0431-81629751　发行部 / 0431-81629758

官方微博 / weibo.com / tlapress

印刷 / 北京一鑫印务有限责任公司

开本 / 700mm×980mm　1 / 16　字数 / 153千字　印张 / 11

版次 / 2018年8月第1版　印次 / 2023年6月第5次印刷　定价 / 34.80元

图书如有印装错误　请寄回印厂调换

编　委　会

编委会主任：刘翠玲　夏野虹　高　亮

编　　　委：宁　波　孟广丽　张春艳

　　　　　　李鹏修　苗嘉琳　姜　晶

　　　　　　王　鑫　李冬娟　王守辉

目 录

001

男孩子是拿来疼的

七十分先生的自我传奇

路不在脚下，在心里

你好，旧时光

后来，阿黄还是可以像往常一样躺在阳光里睡懒觉，小喵之后没事总喜欢黏着我，我站着的时候就用身子在我脚边蹭；我坐着的时候就跳到我腿上打滚儿或者在我腿上睡觉；我难过的时候它安安静静地坐在我身边陪我一声不吭，仿佛眼里也闪着泪花；我开心的时候它也跟着我蹦蹦跳跳……很多年以后，我无意间看到微博里这样一句话："根据动物行为学，猫咪摩擦人类身体，目的在于留下自己所分泌出的气味物质，小猫要告诉大家'他是我的'。"

你好，旧时光

宇宙无敌妞

午后的阳光暖暖地从窗口照进来，阿黄懒懒地躺在阳光里打了一个哈欠，空气中原本慵懒、漂浮不定的灰尘一下子乱了节奏。

阿黄是我家养的一只大黄猫，不爱捉老鼠，特别懒，每天都在睡觉，哪里舒服就睡哪儿。一次，它钻进锅灶里，奶奶烧开水，刚点着火就听见"嗷"的一声哀号，接着一个黑影闪过，空气中飞舞着一阵灰尘。奶奶被吓了一跳，反应过来才觉得好笑。

阿黄在家里过的日子很享受，好吃好喝伺候着，所以它对脏兮兮还要花费力气去追的老鼠没了兴趣。它刚到家的时候，家里的老鼠有些怯怯地消停了一小段时间，久了，大概连老鼠都明白了阿黄是个什么样的角色，便又开始猖狂起来。连邻居都说："我昨天看见你家阿黄和老鼠在房顶跳舞呢！"我用手摸摸它的毛，它连眼睛都没睁开一下，只是从喉咙发出"喵呜"一声。

一天，我回到家里，阿黄见我只抬起头向我"喵"了一声表示已经打过招呼便又睡回去，忽然看见它的胡子只剩下短短的一小截直直地立在嘴边，像极了马戏团里的小丑。吃饭的时候全家人都轻声责备奶奶，只听见奶奶嘟囔："谁让它整天睡在那里，我缝衣服见它的胡子太长了就随手……它一动不动，叫都不叫……"她的声音越来越小，我叹了口气摇摇头。

因为阿黄的不问世事，爸爸从外面带回了另一只小猫。它大概两个月大，全身都是黑色的，头顶上的毛发纹路特别帅气！它在笼子里张牙舞爪，像一只受到惊吓的小兽。直到遇到晒太阳睡懒觉的阿黄，它才慢慢安心了下来。我给它起名叫小喵。不知道什么时候，我和小喵慢慢好起来，已经没了从前的生疏。

　　夏天如期而至，我和绮绮偷偷去河里捉鱼，然后我带了一条河里抓的小鱼回家。求了绮绮半小时讨了一点点的鱼食料放在桌子上，等我回到家的时候发现食料撒了一地。我气炸了，像吃了十几斤火药似的问奶奶："是不是你弄的？"奶奶瞅了我一眼，悠悠地说："可能是你的小喵弄的吧，就它蹦蹦跳跳的。"这时候小喵正好从外面走进来，我那时候的表情一定非常狰狞，要不然就是背后冒着熊熊烈火！小喵刚想凑过来立马就跳开了，撒开腿往外跑，我也像恶魔附身了一样撒丫子追它，追了一会儿看着它慌乱而逃的样子还是不解气，在地上捡了一块大石头向它扔去。本以为不会打到它，谁知道大石头打中了它的肚子。我愣住了，像恶魔的灵魂突然抽离了身体，无比后悔自己做过的事情。我埋怨自己：如果不是小喵弄的呢？就算是小喵弄的也不能这样对它啊！受伤了怎么办！它讨厌我怎么办！小喵"喵"的一声四处逃窜。我挂着两条泪痕失魂落魄地走回家，小喵看到我躲得远远的，接下来的一个星期都离我远远的，我拿鱼干给它吃，它也是等我走了之后才小心翼翼地出来叼走。

　　吃饭的时候，全家人坐在饭桌旁，支支吾吾地说有一个亲戚想要一只黄色的猫来做药引，想要走阿黄。我明白过来，像发了疯一样"哇"的一声哭出来，连滚带爬地跑去抱住阿黄，嘴里的饭还没有吞下去，口齿不清地说："你们不准带走阿黄！你们杀死阿黄我就和你们拼命！"

　　阿黄被我一只手搂在怀里，用头往我怀里挤了挤，还用它粗糙的舌头舔舔我的手，"喵呜喵呜"地撒娇，又好像在说"别哭别哭"。我放开力气哭，肩膀也随着我吸气不停地抖动。爸爸放下饭碗走过来，我以为爸爸要捉阿黄，便飞快地抱起阿黄跑到门口冲它说："阿黄你快跑！去躲起来！躲到他们找不到的地方！"阿黄好像听懂了，回头看看我跑得飞快。我张开双手双脚把门口拦住，吸着鼻涕说："我……我不会让你过去的！"爸爸叹了口气说："我们不会把阿黄给他们的，好了好了，不哭了，去吃饭。"我哭得不能自已，不停地咳嗽，把嘴里的饭都吐了出来。这时候我才发现小喵在一旁看着我，它慢慢地走近我，用身子蹭蹭我的手，"喵喵喵"地叫，似乎在说"不哭不哭"……

后来，阿黄还是可以像往常一样躺在阳光里睡懒觉，小喵之后没事总喜欢黏着我，我站着的时候就用身子在我脚边蹭；我坐着的时候就跳到我腿上打滚儿或者在我腿上睡觉；我难过的时候它安安静静地坐在我身边陪我一声不吭，仿佛眼里也闪着泪花；我开心的时候它也跟着我蹦蹦跳跳。我喜欢摸着它的头，摸着它的下巴听它喵呜喵呜地叫。过了一段时间，我发觉看见阿黄和小喵的时间越来越少，开始是三天见到一次，接着又到五天、十天……慢慢地，我很久很久再也没有见过它们……

很多年以后，我无意间看到微博里这样一句话："根据动物行为学，猫咪摩擦人类身体，目的在于留下自己所分泌出的气味物质，小猫要告诉大家'他是我的'。"我瞬间就湿了双眼。

大笨蛋阿黄、小笨蛋小喵，家一直在这里，想回家就回来吧！家里有一个人一直在想念你们，等你们回家。

夕阳下的街

冬 时 雨

我已经很习惯在午睡的时候痛醒，仔细想想也没有多痛，阳光偷偷潜了进来正好与我四目相对，我想我是想它了，一股温暖的气息照在一个懒洋洋的人的身上。

吃过午餐，我随手拿起作业，又随手放下，随即打开电脑，准备看那部叫《人在囧途》的电影。偶尔笑笑，但是在我看来却像一部悲剧，男主角虽说很满足，但是却失去了很多。母亲看起来很担心我，先是喊我该去吃药了，继而又叫我去看看窗外面的世界。我张望了一眼，这个冬天不太冷，一轮红日正高挂在天空之中，傲视着这个忙碌的世界。

"妈，外面看起来要下雨了。"我回到位上继续看我的《人在囧途》。

"屁话！外面一个大大的太阳，下什么雨！"然后便是这样把我硬生生地给赶了出来。

依旧是这个地方却改变了模样，门口的小吃换了摊，我才问起自己是有多久不曾仔细地看看我住的这条街！

我坐在最能看清这条街的石阶上，一边看，一边想，从中午一直坐到下午。太阳开始悬在地平线上，这时突然有了感觉。还记得一年级的时候，爷爷常常会来学校带着我回家，我在前，爷爷在后，我跑着，爷爷走着，不知道为什么那个时候总不觉得累，跌倒了也不觉得疼，夕阳下爷爷强壮的身体可以倒映下长长影子，像个巨人给予我勇气。那时候总是很简单，为了别人忍受一些痛苦换来几句表扬，心里便有小小的满足。但是，一切都不一样了，爷爷老了，走不动了，常常对我说："峰，我们再去学校门口买萝卜干吃！"我却不知道该怎么回答，也许他心里是个玩笑，但在我心里却是一种深深的自责。生病，是人皆会的吧。

好久不见，走在熟悉的那一条街，我已经不会主动地去叫一些叔叔阿姨了，因为他们都不在了，换了一批陌生人用看陌生人的冷冷的眼光看着我，我只能微微笑着，有一种奇怪的隔阂。我一直走，走到那家卖萝卜干的店门口，忽然立定脚步，呆呆地望着，里面的那个老阿姨似乎没有什么改变，依旧是一脸小气的神情，我想起那个时候的事，突然笑了。

萝卜干其实是一种叫作"咸水果"的小吃，在爷爷的生命中它却一直以萝卜干这个名字出现。每逢放学，爷爷总会在校门口等我，然后问我："饿不？"哪个小孩儿不贪吃？不管肚子的感觉如何，总之一句不变："饿！"

爷爷不是本地人，卖咸水果的阿姨常因着这一点欺负爷爷，说爷爷不懂这儿的东西是什么价钱，常常是缺斤少两地卖。我常常拉着爷爷的衣角说："贵！"爷爷却摇摇头说："没事，吃进肚子就不贵了。"我喜欢的，爷爷总会买给我。有一次，爷爷忘记带钱，身上只有一块钱，而我已经吃上了，卖咸水果的阿姨在旁边唠唠叨叨地念着什么缺了五毛钱，爷爷终于发火了，他拿出当年在部队里的气势，一套说辞说得老阿姨连道不是，我在一旁暗笑，继而哈哈大笑，笑得天真无邪。从此以后老阿姨再没有欺负过爷爷。

随着时间流逝，爷爷回了老家，老阿姨偶尔也会念叨着："你爷爷呢？"我回答道："在我的身边呢！"现在一切变得太复杂了，一两颗糖和几句鼓励已经不能让我有多么开心了，虽然圣人常常说着什么大道理，但是谁人不是如此？

突然，卖咸水果的老阿姨问道："小伙子，你要买咸水果吗？"原来我在这儿站了很久，原来这个老阿姨也认不出我来了。

"爷爷、爷爷，我想要吃咸水果！"

"好啊，爷爷给你买！"我回头，感觉一股温暖涌上心田，一个老人带着个孩子走了过来，老阿姨满脸堆笑地跟这对爷孙寒暄着，不知何时她变得如此大方，还多拿了几个咸水果给那个孩子。但是这一幕还是让我想起了爷爷，想起那个慈祥的巨人和那时被夕阳洒满温暖的街。后来，我常常会在这街上走走，不知为什么，走在这条街上总会想起爷爷，老人的笑与怒就像夕阳余晖一样感染了整个一条街。

你好，旧时光

青梅竹马不靠谱

歌 笑

　　我有一个从小玩到大的哥们儿，陈辰。因为彼此的爸妈都认识，我从他穿着开裆裤瞎蹦跶的时候就认识他了，我还喜欢把自己嘴里含着的奶嘴拖拖拽拽连着口水一起砸向他，好吧这是我幻想的，事实上我们相安无事地共度了整个幼儿园时期。

　　那时我留着比他还短的小碎发，长得比他高且壮，在毕业照上傻乎乎地勾着他的脖子笑得鼻子眼睛皱到一块儿，三个蛀牙明晃晃地朝着天。我至今单身很大一部分原因在于他见谁都要把照片拿出来嘚瑟。至少我是这么认为。

　　摧毁这张毕业照的行动秘密开展了十多年，可如今照片还在他家的书柜里安然无恙地待着。我很愤怒，于是疯狂地把他光着屁股在椅子上扭、去公园时尿了裤子趴在他妈肩上哭的照片给同学浏览。于是他也至今单着，于是我又开心了。

　　我从小就长得比他壮，每次碰到他爸妈，或是他遇到我爸妈，我们就都得被大人逼着比身高，我是无所谓，他就惨了，在家长的胳膊肘下钻来钻去，油滑得像泥鳅，无谓地挣扎后总被拉回来，一比：我自然又是比他高半个头。他不服气，涨红着脸气呼呼地跳，"男生后长个子！"于是长啊长啊长了七八年还是没我高，不过从前年开始他像疯了一样越长越高、越长越瘦，像根竿子，我严重怀疑他妈给他喂了什么药。

他对于长个子这事真心乐坏了，天天蹦跶蹦跶挺着腰在我面前晃，偶尔站在我身后大吼一声："啊！前方视线一片开阔！"

真是个讨厌的人！

说到"讨厌"这个词，顿时心中一片难忍的骚动，思绪一片澎湃，打字的速度都不自觉加快：这家伙实在是太！欠！打！

无数次看见我脸上的香没抹开、眼屎没干净、头发没梳好、校裤穿反，他总是轻轻微笑，轻风细雨地和我并肩交谈，等一走到人多的地方就仰天大笑："哈哈哈哈！陆禾的裤子穿反啦，哈哈哈哈哈……"等等诸如此类。我能清晰地听到我手指骨头"吧嗒吧嗒"在暗响。

从小学开始我的水杯就是交给他帮我灌的，而在前天，我刚刚从他以前哥们儿那儿听来他一直都是在厕所灌水——还是男厕所！男厕所！

在我每次进门的那一刻突然大叫、用衣服蒙我头，而在我练就一身受到刺激条件反射伸拳头的绝技后，他突然安分了，世界一片寂静。

……

嗯，世界上最恐怖的事情莫过于：一大波陈辰正在接近！

但是，他也是我最感谢的人啊。

小学二年级，老师让我们投票选择班长，他没脸没皮地"陆禾、陆禾"一路喊到底。最后我只得到了一票，可我一点儿也不难过。他那猴子一样涨红着脸努力的样子让小小的我萌生出感恩的情愫。三年级、四年级、五年级、初中，他十年如一日始终都很支持我，尽管他总是装出一副不情愿的模样。

期末体育测试八百米，跑了五百米后我的神经和生理防线双双瘫痪，大脑一直嗡嗡作响，胸腔里的血腥气一阵一阵涌上来。

"猪禾你要死啊！八百米有时间限制的！考不好要重考啊……"陈辰像一只烦人的苍蝇，站在操场上对跑道上的我大吼大叫，见不管用就追着跑了上来，我抱着脱离紧箍咒的心态开始渐渐加速，最后竟然踩着及格线奇迹般通过了。

　　结束后，他死猪一样瘫在了操场上，我这才想起他是测完一千米后就一路小跑为操场另一边的我来加油的。

　　青梅本就酸，竹子做的马又能真到哪儿去？嗯，"青梅竹马"可真不靠谱。我亲爱的陈妖精啊，你对我来说真的是哥哥一样的存在呢！（没错，这是你期望已久的妹妹式撒娇，拿好不送！）

暂 别 三 天

刘肖宇芳

那天是某年5月8日，星期三。我来集训班已有三天了，长达七十二小时的思念萦绕在心房。早上，天不晴朗，没有乌云缭绕，也没有水蓝水蓝的天空。天气不好，心情也自然低落。我埋头，机械地推着自行车，行尸走肉般走在校道上。

一星期前，班主任晓明用淡如水的语气宣布了代表我们学校参加一中实验班选拔考试的三名同学，分别是我、总是默不作声常令人误以为是自闭男的林崴，以及班长王瑰晨。晓明把名单这么一报，把申请表这么一发，让那些对一中实验班心存希望的好学生一个个应声倒下。谁会不想上一中实验班呢？一中是我们这个小县城唯一一所一级达标学校，还是省重点高中，早已是人人奋斗的目标、家长的期望所在，何况是实验班呢？尖子如云啊！

果不其然，我们班的饺子秦丹平（丹平，丹平，是不是很像饺子的英文dumpling呢？）、乖乖女林筱晴都一脸惨白，更甚的是我们的筱晴妹妹还令她更具淑女范儿的睫毛不停地颤颤颤，我真怕等会儿会抖出一只黑翼蝴蝶来呢。恍惚记得，她的双手紧拽她同桌dumpling的袖子一脸悲伤欲绝，两只小眼有莹光闪烁，樱桃小嘴一张一合似是在哭诉。这一来更让我这个榜上有名的人内心不安，有种抢她名额的罪恶感。

事实上，我在入围的三人之中是第一。九年级上的第一次月考、

你好，旧时光

半期考、第二次月考、期末考，以及九年级下的第一次月考，我的平均排名是年段三十五名，林崴五十九名，王瑰晨六十五名。

参加一中实验班的选拔赛，我们学校初定名额为七十人，为了有更高的"成活率"将有一个星期集训，专攻主科。从初二开始语文、数学、英语都150分；物理、化学各100分，但要按物理60%、化学40%的折算分排名；政治、历史满分100分，不计入总分，只要各科达85分，必有A。而选拔考试的资格就是初二生物、地理中考双A，从初一开始至考前的每次考试各科平均达A，然后按数学150分，语文、英语总和100分，物理、化学总和100分。

这明显是偏向理科的。要知道，姐在行的可是文科，语文基本上班里第一，英语也进前三，数学嘛……就有点儿……拖后腿咯。

每次考试完，班里总是有讨论试卷的叽叽喳喳声，尽管在十四个班中我们班算是倒数的，但从全县来看可是尖子堆呢！因为初二之前此为私立中学，那生源可是杠杠的，既要达到录取分数线还要交得起高昂的学费，三年读下来可是要一万五的哟！这还不包括生活费呢！至于师资力量，那叫一个雄厚，真不知校董事怎么那么牛，把精英级的教师都挖来了，可谓是人才荟萃啊！

考试成绩一出来更是不得了，了不得哇！一个个问来问去："嗨，数学几分啊？""哎呀，烂死了……""到底几分吗？说说呗，我不告诉别人的。""别别别，真的考得很差啊！"……永远是一方死缠烂打，另一方死守机密。偶尔考得不错的，也要谦虚地皱皱眉，一脸便秘似的遮遮掩掩报出自己的分数，还不忘抛个"媚眼"说"很差哦"。姐妹们，这是唱的哪出？

男生可就淡定多了，会读书的、不会读书的都在嬉皮笑脸，对于每场考试都只字不谈。有时个别女生看不下去了，就会装作随意地问一句"你考得很好啊？"明摆是打探军情好吗，回答总是"和上次一样，惨不忍睹啊"，短暂摆个默哀状，随后又混入了打了鸡血的男生群中，打闹起来了，这速度比变脸还快啊！

像我永远只能装作不经意间随口询问他人成绩，问十个换来九个白眼，还附上一句"别问了，你肯定第一的"，我是百口莫辩啊，好吧其实我挺想第一的啦。诡异的是我好像每次考试单科成绩都不太高，有时还比她们低个八九分，尤其是数学！但按总分，排名一出来，我又站在最高处，不胜寒啊……

我这个人吧，是很乐于助人的，特别是在学习这方面，你问我答，不懂的再问老师又传授给你，不挺好的吗？可是我的脾气可就不敢恭维了，虽不是那种暴躁野蛮型的，却也古怪，现在笑嘻嘻的我或许下一秒就暴跳如雷了。所以……所以似乎人缘不太好，但也没有严重到大家都不理我啦！

我有一个很大很大的缺点，那就是什么都想要，欲望无边哪！比如我见不得同桌和除我之外的人那么要好，同桌叫汤蔓蔓，一般不喊她大名，而称"汤汤""汤包"或"包子"，再或是个延长音型的"汤——"。因为汤买了一条绿箭柠檬草味的口香糖首选分了猪皮，然后迟迟未给我，直到我们后桌的一个男生向她要，她才象征性地问问我："宁雨，你要不要？""不了。"我边摇头边隐忍地说。这是什么态度啊，不想给拉倒，那么勉强有必要吗？我很气愤，由此与她们俩都拉开了距离。明眼人都看得出来，我和同桌闹别扭了。毕竟我和她好的时候天天疯，笑得那叫一个没心没肺，而现在冷眼相对，能不说话尽量不说，后桌一男生就问我："你和汤蔓蔓怎么了呀？""关你什么事。"我没好气地说，他没话可应，只得咂咂嘴，不欢而散。就连平时还算好好相处的，像dumpling她们见了我也说："哟，一中实验班的喂……"你家醋是不是不用钱买啊？喝多了吧你，满嘴醋味。"啊？不是不是……集训而已。"我无话可应，却又不好不答，省得人家说有个名额就了不起啊，耍什么大牌，不知怎么回事，话一出口却又是那么柔弱，被人抓住把柄了？"嘿——什么集训班？明明就是尖子班吗……不要不好意思啊！"dumpling一脸笑意，还拉过我的手，却让我浑身一个机灵，直起鸡皮疙瘩，但仍得强颜欢笑，做谦虚状："又没考试，还不算的。"

唉，dumpling同学你就羡慕嫉妒恨吧！

忘了说，那dumpling和汤蔓蔓、猪皮三个合称什么，好像是"三剑客"还是"三朵金花"来着。总之，那组合名称很傻，她们三个很疯，却也快乐着。不像我，太要面子了，什么都想要争第一……弄得像只老鼠似的，"老鼠过街——人人喊打"说的就是我啊！这也太生动形象了吧！

唉……他们大概把我忘了吧，就像当初我们班老班长（因为老班长转学，所以全班又选了一个，群龙不可无首啊，这"首"就是现任班长王瑰晨）转学离开后，我忘了她一个样。班里的同学是否会为了我的暂时离开而暂时欢呼？千万个想法一涌而出，如黄河咆哮般奔泻。心情更加低落了，伴随着一点点的不甘心以及小小的怨恨。

此刻，天很黑很黑，大朵大朵的乌云哭丧着脸拥挤在淡墨色的天空，一切都是黑的，没有一点儿生机活气。

"嘿，好久不见！"一句话从天而降，带着小小的惊喜，那声音仿佛是从几个世纪前的冰岛飘扬而来，具有强而有力的穿透性。如期而至的一拍肩，我心生疑惑，她随即雀跃，跳到我左前方，堵住了我的去路。

"嗯？你……"我一时语塞。

"咋？咋？咋？跟尖子生生活了三天就忘了咱班了？连我的名都忘了？"她眨巴着大眼睛，似乎还嘟着嘴，一脸猪头相，也难怪叫"猪皮"。

"猪皮！"我脱口而出，用一种报复似的嗓音大吼，我怀疑当时我的表情应是很狰狞的，五官迸出，八成白如羊脂的眼球盘缠着鲜如彼岸花的血丝，肯定很吓人，至少我自己惊呆了，我的嗓门儿会不会太大了，可别吓坏我们的猪皮小妹妹……

"嘿嘿嘿，不错不错，没忘了老姐，看来日子过得不错！"她调侃道，一脸眉飞色舞。记得你名怎就表现出我的日子过得好呢，这两者有半毛钱关系？！

"其实，我……"我才出个声，就被打断了，"好了好了，不早啦，你个好学生可不能被我带坏了，好好学习哈，为咱班争光！总之，好久不见！"她嬉笑着说完，又同降临我身旁那样，雀跃而走了。

其实，我很想你们！我原本一直觉得包括猪皮在内的全班人都讨厌我，可没想到……

抬头望天，一碧如洗，晨曦明媚。

一星期后，选拔赛成绩出炉，我全县四十一名，未进前二十名，还要与我亲爱的同学一起参加中考。而另外两位也是名落孙山，却也不能说是完全没希望的，只要中考考入全县前三十五名，一中实验班将伸手拥抱你！

多谢，那些替我陪伴妈妈的小生命

骆 阳

016

中秋放假回家，家里多了两只小狗。

我指着墙角酣睡的它们问妈妈哪儿来的。妈妈告诉我在镇上谁谁家要的，现在已经满月啦。

我凑上去摸摸它俩，毛茸茸的，真是让人心生怜爱。我问妈妈它们叫什么。妈妈说那只花的叫花花，黑的还没取名。我说能不能有点儿创意，别养只狗就叫花花、乐乐、点点。妈妈说那我给取。

晚上睡觉前我发了条动态，征集它俩的名字，结果都是詹姆、泰勒、托尼之类的名字。我把手机一扔，农村狗叫啥詹姆，就叫小地瓜和小苞米吧，既不失创意又不矫情做作。

第二天早上我告诉妈妈，咱家小狗有名字啦，黑的叫小地瓜，花的叫小苞米。妈妈瞪我一眼说，真土！我说，懂什么，这叫萌！就这么定了！

妈妈又问，什么是萌？

我嘟嘟嘴眨眨眼，说，这就是萌。

妈妈做呕吐状。

没出几分钟，小地瓜就跟我混熟了，跟在我屁股后面跑。我去井边取水洗衣服，它跟在我后面，不料洒在它身上几滴水，它一声尖叫做哭泣状，我拍拍它的小脑袋说，哥们儿，至于吗，男孩儿家家的！它竟然听懂了我的话，转阴为晴继续跟在我屁股后面充当我的贴身小保镖。于是这就有了后面故事的发生。

我要去园子摘韭菜花，它二话不说就要跟我去。我按住它说，园子太危险，叫它乖乖待着，一会儿再陪它玩。可它不听，硬是跟。我三两步踏入韭菜地，它在后面如长征一般跋涉，原本低矮的韭菜在它面前就像是高耸的山峰。我刚刚摘下一个韭菜花，就又听到它的尖叫。我回头一看，原来它被一个烂草根绊倒，大头朝下栽倒在地，两只肥嫩的小腿不停地蹬，可就是翻不过身，跟小乌龟很像。

我上前扶起它。它这回不再跟我，撒丫子往外跑，马上跑出园子的时候，好嘛！又是一个大跟头！

我笑得不行，心想，男孩儿嘛，就得多摔点儿跟头。

即便跟着我尝尽了苦头，可是小地瓜跟我的感情还是不断升温。我跟妈妈说小地瓜自来熟，见我第一面的时候就跟我玩嗨了。妈妈说狗都认家里人的。我指了指一边晒太阳的小苞米说，那可不一定。

对于我和小地瓜的玩耍，小苞米一般都是视而不见，也就是有时候心情好了才凑上来转两圈。转圈的时候，不露肚皮也不摇尾巴，面无表情。人家天生高冷，没办法。

假期第二天的早上，天还蒙蒙亮的时候，我被妈妈叫醒。我揉着眼睛问怎么了。妈妈说小地瓜误食老鼠药了，她要带小地瓜去镇上打解毒针。我一下子瞪大眼睛，说："什么？误食老鼠药？你在屋里下了老鼠药？家里养了小狗你竟然还下老鼠药！"我有些控制不住自己的情绪。

妈妈站在我面前说不出话来，看样子十分自责。

我看着妈妈此时的样子，意识到刚才和妈妈说话的语气不对，人一上岁数脑袋都会不好使，我不应该那样责备她。我说："唉，这也不能怪你，赶快去吧，不要耽误了时间。"

妈妈把摩托车打着火，我把小地瓜放到车筐，妈妈就这样出了大门。我看着妈妈离开的背影，心里有种说不出的滋味。我感觉妈妈真的好孤独，我希望小地瓜能够好起来……

也是这时候，我想起了妈妈之前养的一只狗，多多。它是2009年来我家的，来的时候也是小胳膊、小腿，肉嘟嘟、胖乎乎，可爱得很。它胆子特别小，来的头几天一直躲在立柜下面不敢露脸，只有吃食的时候才勉强出来。我当时想，人家是女孩子嘛，正常。

时间久了，多多抛开戒备，正式融入我家。它开始每时每刻地陪伴在妈妈的左右，妈妈下地务农，它跟在后面，妈妈在仓房摊煎饼，一摊就是一天，它也寸步不离，直到妈妈收工。

有一次我和妈妈下地干活，多多就跟在后面，等我和妈妈到自家农田的时候，回头一看，多多不见了。我和妈妈原路返回去找多多，没走几步，就远远看到多多蹲在大道中央。我大喊，多多，快过来！多多没有过来。我有些纳闷儿，这狗怎么突然不听话了。等我气冲冲跑过去，才恍然大悟，原来是刚才妈妈的头巾掉了，多多一直在那里看着。

去年我在学校接到妈妈的电话，妈妈说多多死了，我心一紧，险些掉眼泪。我跟妈妈说，别太难过，不就是一条狗，死了还可以再养。妈妈说，她知道可以再养，可它们都不是多多了。我听到妈妈的话，再也忍不住眼泪，马上把电话按掉。

其实有关于多多的故事很多很多，都是很温暖的，只不过是我现在不敢说，也不敢回忆。

过了个把小时，妈妈就回来了。我把小地瓜从车筐里抱出来。妈妈一直在摇头叹气，不用问也知道兽医一定是说了这么小的狗吃了老鼠药必死无疑之类的话。小地瓜软塌塌地躺在地上，小肚子起起伏伏，它一定难受极了。我真是不忍心再多看它一眼。

小地瓜死了，妈妈去埋它的时候我没去，但也还是能想象得到妈妈当时的心情。这么多年来，我和姐姐都不在她身边，能够陪伴她的就只有那些小狗了，可是老天爷真狠心，总是毫无征兆地夺走它们的生命。

妈，儿子对不起你。妈，儿子真无能，连一只小狗做得到的我都做不到。

　　转眼间，三天假期就匆匆溜走，我不得不背上双肩包和妈妈说再见。无论怎样，我还有我的学业。我要加倍努力，将来让妈妈过上舒心的日子。我真得走了。

　　夕阳的光芒均匀地洒进庭院。小苞米懒洋洋地躺在屋门口。妈妈在屋西头的沙果树上摘了一袋沙果塞进我的书包，说，到学校好好吃饭，别舍不得花钱，快走吧。

　　这时候，小苞米破天荒地跑到我身边不停地摇尾巴。

　　我说，小苞米你怎么来了？不傲娇了？知道我要走了舍不得？

　　小苞米呆呆地望着我，眼睛里露出稚嫩的光。

　　我坐上公交车，暖色调的庭院，妈妈和小狗逐渐消失在我的视线里。

　　小苞米，我不能总是陪在妈妈身边，所以她就交给你了，你不许让她感到孤单。

　　小苞米，谢谢你替我陪伴妈妈。

　　小苞米，一定要快快乐乐地长大。

你好，旧时光

不负光阴不负卿

猫 精

14：20登上QQ看见吴姑娘发给我的消息，她说她昨天晚上梦到学校在大厅举行了离别会，而且是在晚上举行，学校黑乎乎的，人特别多特别乱，她怎么都找不到我和大大。今天早上她妹妹抱怨她昨晚说梦话，说了很多很多，不过她只听懂她叫了几次猫。看完这条消息我就笑了，这孩子该是有多想我们，连在梦里都喊着我的名字。

今天有风，米白色的窗帘被风吹得乱飞，外面的阳光还很刺眼，我趴在窗台上往下面看，小区里静静的没有人走动。我伸出手去摸被反射在窗台上的光影，心情突然也变得和窗外的天空一样明朗。嗯，我也有想你们呢，很想很想。

在写《时间煮雨》的时候我就跟她们说这是我高中的最后一篇稿子了，以后我都不会再写了。我记得当时文学社的那些小朋友们还说"不行，我们需要你"，然后我笑着拒绝。因为我觉得已经再没有任何人或事值得我去写一大篇矫情的碎碎念来纪念了。只是我没想到时隔半年后竟真的有那么些人，让我有那种想去记录一切美好的心情和冲动。

在汕头补课的日子很难熬，每天都是原封不动地按计划复制出来的生活。在这里没有可乐，没有蜂蜜、蓝莓，没有大大，没有吴姑娘，没有周小小，没有人给我唱歌、起外号，没有人在我心情不好时陪我说话。我努力让自己过得像一个自闭症患者，不笑、不闹、不说话，规规矩矩吃饭、吃药、补课、做题。可是呢，到底还是会不习惯，会想念，会难过。有时候大半夜的突然醒来然后就再也睡不着，抱着枕头把背靠着墙坐在地上发呆，偶尔看那些人的照片、留言会看到掉眼泪，眼泪掉到手机屏幕上一点点不规则地蔓延开来，像极了当时心里凌乱到无从解开的情绪。城市连深夜的天空都带着被满路街灯映照出的浮华和骚动，没有那种纯粹而深沉的黑色夜幕。

很多人都说猫精这一年变了很多，不再像以前一样开心、快乐、没心没肺，我笑着不回答。是，这一年我的确变了很多，频繁地逃课，不上夜修，不吃饭，整天喝可乐，厌学厌世，觉得世界各种冷漠各种不美好。然后呢，有的人觉得猫精学坏了，不乖，不听话，像个坏孩子。我没有反驳，甚至听得多了我会认真地肯定她们的想法。没错，我是变"坏"了，可是我只是再也受不了那种十年如一日的循规蹈矩的好孩子的生活，我需要疯狂、需要爆发。

之前在空间删说说、删日志、删照片的时候，我顺手翻了以前的留言，然后我惊觉这几年我已经失去太多了。那些当初在留言板上互相调侃彼此、许诺说要做一辈子好朋友的人，现在竟陌生到叫不出名字，我甚至怀疑过自己是否真的和那些人认识过。看吧，这世界最苍白、最无力、最不可信的便是承诺。那些曾信誓旦旦许诺的人都到哪里去了？如果连我自己都忘了诺言是什么该怎么办呢？我想穷尽一切找一个会永远把我认认真真放在心上的人，但我发现这样好像太贪心太天真了，因为这些都是可遇不可求的事。

有些人认识的时间那样长了，却还是没有长到让我们立刻学会如何去长相厮守。这一路磕磕碰碰走来，遇见了多少人又弄丢了多少人，和多少人热烈过又和多少人没有了瓜葛。走走停停，偶尔驻足于路边昙花一现的美景，叹一句人心薄凉，却仍得继续前行。即使再煽情亦不过是可有可无的角色，就好像旧风景再难留住已生去意的旧人。我们都只是没有尽头的旅客，在辗转的世界里路过桃红柳绿，路过陌路人的蹉跎人生。

也或许每天发生的这一切都早有定数，我是一个很懒的人，不会像一些热血少年一样坚信着人定胜天，去奋斗去拼搏。我只是抱着一种混吃等死的心态浑浑噩噩地过日子，外界所赋予我的事物只要不触及我的底线我就不会做出多大的反弹。男闺密也说过："认识的人知道你这是懒，不知道的还以为你看破红尘了。明明有这么美好的年纪却硬生生地活出了七老八十的样子。"其实，我觉得现在这样挺好的，真的挺好的。心里有那么些人占着，还不至于空落落的。

不管以后到了哪里，经历了什么事情，我变成了什么样，我会一直记得我们曾经那么要好过。虽然不知道为什么我们之间莫名其妙就变成了曾经，但我也不想忘记这段感情。吴姑娘说她很庆幸，庆幸当她出现在我身边的时候，大老公也刚好遇见了我，不然她一定会很内疚。以后有什么开心的或不开心的都可以找彼此，毕竟穿过同件衣服、喝过同个水杯、睡过同个被窝的感情不是说着玩的。

大老公会用很好玩的调调叫我小老公，给我画过哆啦A梦、找过许嵩的扑克，不过，大老公你可不可以不要摸我的肚子，我怕痒。还有啊，大老公你要照顾好自己，我喜欢看到神经的你，不喜欢看到病恹恹的你。然后呢，谢谢你那么爱周如死。

2304。以前这是一个给我快乐的地方，现在看到这个名字我却只觉得悲伤。那一年的2304，我们都回不去了吧。

郑冰琪。一个无论我变成什么样都一直相信我是阳光的好姑娘。我想说，猫精也觉得你是个温暖的孩子，所以我愿意给你唱《我不愿让你一个人》。冰琪会说很多温暖的话，可是冰琪有时候自己也会难过的不是吗？有什么不好的要说出来，不要放在心里一个人难过，那样会让人心疼。

同桌、老慈、戴、史婷。这是四个我到现在为止遇到的最欢乐的人。同桌，虽然我老是调戏你骚扰你，但是等我回去了，你不要赶我走好不好，我心甘情愿让你欺负。还记得那天我们历经波折拿到宿舍钥匙校门钥匙，然后第二天天还没亮就跑去看日出吗？很可惜爬山的时候没能和你们一起爬到山顶，不过那天我真的很开心。

周小小。你现在应该在广州了吧，有找到她吗？感谢你带我和吴姑娘打篮球，在我们心情不好的时候还带我们去玩。你是个好人，很好很好的人。有时说一些伤人的话，其实我是口不对心，所以你就原谅猫精这个幼稚鬼吧。还有，你是家族里最小的，可不可以不要老是没大没小啊，那样让我很没有成就感的好不好。

老大和棕色鞋。两个毕业了的家伙，你们在外面玩得怎么样啊，开不开心呢？棕色鞋，我还记得你写给我的"相见恨晚"，偷偷告诉你吧，那张纸我还一直夹在日记里。你就这样毕业了，那些崇拜你仰慕你的小学妹该难过了，下次若还有机会再见面，你要记得给我签名，我会记得给你拥抱。老大，以后去外面了，你会照顾好自己吗？你说过你不会让自己不好太久的，对吧。说好了以后要做邻居，也不知道我会不会失信。

小峰峰。一个很欠揍的人，好吧，同时也是一个很好的人。老是说我带坏了你，可是我觉得没有啊，像我这么好的人怎么会带坏小朋友呢，对不对？总有一天我会让你叫我一声哥哥的。最重要的一点，你说一句你很崇拜很喜欢许嵩是会死吗？你就不能说一下安慰安慰我幼小的心灵吗？

郑东云。认识三年了吧，平时不怎么联系却没有忘了彼此。虽然只是网友，但就像你说的，实际的陌生人却并不陌生。君子之交淡如水吧。

萧某某。喜欢许嵩。当时要给许嵩投票的时候，咱们两个跟打了鸡血似的聊到两三点还记得不？给我送过《海上灵光》，曾经大老远地说要走路去田心找我就是为了带我去吃饭。谢谢你对我好，谢谢你那么久的早安和晚安。

大大和吴姑娘。这两个我现在还很爱很爱、很想念很想念的重要的人。所谓重要，就是不可取代、独一无二的存在，是直抵灵魂的温度。如果说这世界上真的有人了解我，那么也只有你们两个了。你们懂

你好，旧时光

我的悲伤，懂我的固执，懂我的任性和疯狂。咱们还有那么美好的未来，我会好好爱自己好好努力。说好的未来，三个必须都在。

说到底，生活还是待我不薄，让我遇见的都是善良不会伤害我的人。我知道自己不够好，幼稚，矫情，脾气差，有时候像个神经病一样闹情绪，毛病缺点一大堆。但是我会改，为了那些我爱的还有爱我的人我会改，试着让自己做一个美好的人，笑起来有阳光的温度。

抓不住的光阴仍以摧折一切的笃定脚步不紧不慢地前行着，错过的那些就让它过去吧！不要再抓着回忆不放，僵持着让自己反复去难过悲伤。这世上有辜负的人，就会有怜惜的人，纵有百年之交，终究也难免一别。现在在我身边的这些人或许来日也会变成陌路人，但至少现在你们都在，我也在。

伴着空气中懒洋洋的温度逆着阳光说爱你，不管过得怎么样也要记得让心放晴。亲爱的，这一刻我是如此想念你，不带"们"。

何其有幸遇见你。

不负光阴，不负卿。

最初不相识

米 川

趁我还记得，我想写写我和你之间的故事，不是我们，是我和你。

2009年的夏末，热播剧《一起来看流星雨》才刚刚剧终，我们已经抱着假期作业在校园内穿梭了。每学期的这个时候，我们必定是最忙的，当然，是忙着抄假期作业，要知道，这是假期撒丫子疯玩的代价。你走进教室的时候我正跟个二大爷似的看着我后桌的同学照着我的作业奋笔疾书，嘴里还特得意地哼着小曲。教室里的气氛和谐而紧张，同学们都只顾着忙自己的作业，谁都不肯多说一句话。你走进来，看到此番忙碌的景象，一脸茫然。

我以前的同桌在上一学期结束的时候不小心摔断了手，申请了休学，所以我旁边的位子空了下来，而你似乎早已轻车熟路，径直走到我旁边的位子坐了下来。因为初来乍到，你有些拘谨，小心翼翼地从桌子里边拿出一本自己带的书自顾自地看了起来。你动作很轻，似乎很怕吵到这些如此用功的新同学，所以就连翻页时也显得格外小心。我假装没有注意到你，继续嘚瑟，却不自觉地用眼角余光偷偷打量你。发黑肤白，脸上肉肉的，嗯，不过你看起来刚剪的西瓜显得头更圆了。脑海中突然冒出"静如处子"四个字，经过大脑加工配对，"叮叮叮叮"直接把你和这四个字画上了等号。我不经意地抿唇一笑，收回余光，开始追逐周公的脚步。

当天晚上我们便调了位置。我选了原来的位子，倒不是我多念旧情，而是我懒得搬东西！你因为是新生，被班主任安排到了靠中间的位置，你倒也没怨言，只拎好自己的几本书向后走去。我淡淡地看了你一眼，白T恤、牛仔裤、帆布鞋，还有些肉肉的感觉，真好看。自那以后长达一年的时间里我与你再无过多交集。

真正熟识起来是在第二年冬天降临的时候，在学习了一篇很有意思的课文之后我和你开始以爷孙相称，自然你是老，我是小。后来，你住到了小镇上，与我家相隔甚近，我自然是欢喜得不得了，这样周末的时候我就再不用待在家里坐在电脑桌前盯着空间主页发呆了。我想，我再不用孤单了。

在班里你年龄算得上是最大的，所以很多时候你颇有倚老卖老的嫌疑，譬如，你经常管班上同学叫小屁孩儿！你每次盯着天空发一会儿呆过后都会偏着头一脸嫌弃地看着我："孙儿啊，你说你怎么这么小啊？"接着便是好一阵抓狂。

这个时候我们通常都会聚集在教学楼旁边的草地上，那是我们的秘密基地，心情不好的时候我们会去那儿拔光长得很茂密的草，所以它们同时也分享了我和你的小秘密，或惆怅，或哀伤，或无厘头。所以，谢谢你们那么旺盛的生命力，一次次被拔光却一次比一次更茂密。

中考成绩下来，我跟你都蔫了，你考得很差，我也与重点失之交臂。更苦恼的是，我爸认定是你拖了我的后腿，禁止我再跟你来往。那段时间很难熬，他不准我出门，我就趁他不在时偷偷跑去你家。你的状态比我糟糕得多，用一个通俗的比喻来说就是跟霜打的茄子似的，没了生命力。你并不哭，只是安安静静地坐着，眼神空洞。我自知我对此无能为力，我不打扰你，只安静地陪你坐着。

直到上了高中之后我也没有告诉过你，那时候我每天从你家回去都会看到我爸面容严肃，端正地坐在沙发上等我回家，接下来是可想而知的一顿痛骂。即便我气得浑身发抖，也只用咬紧的牙关和攥紧的拳头默默抵抗。你看，我跟你一样，不肯认输，不肯妥协，可我跟你也不一样，你是光洁亮丽的贝壳，而我，是丑陋的顽石。

开学后不久，我跟你又腻到了一起，虽然不同班，但这绝对不可能阻挡我们要在一起的决心！我们一起去简陋的食堂买饭，周六一起逛商场，形影不离。曾经甚至有人问我跟你是不是在谈恋爱！我直接喷了。你看，我跟你之间的友情曾经也到过那么高的境界。

后来，发生了什么？你性格活泼在新的班级里交了很多新朋友，我这个"旧爱"被迫退居二线。你告诉我你要扩大交际圈，我说好；你说你只想保护好她的那份纯真，我说好；你说你想安静叫我不要去找你，我也说好。我从不拒绝你，这便是我在意你的方式。可是啊，你不知道，上高中后我越发不喜与人亲近，跟班上的同学始终保持着距离，所以，我只有你，所以，我简直恨死了你说的那个纯真的女孩儿。

我清楚地记得那次她醋意大发说你只记得别人的生日却记不住她的，而这个别人正是指跟在你们身后的我时，我直接冷冰冰地撂了一句"我不是他的别人"，一脸的骄傲跟自信。现在想来，若是当时我没有那么大的自信，我想我现在不会输得这么狼狈。嫉妒心能成就一个人亦能毁掉一个人，很不幸，我是被毁掉的一个。

我跟你像两杯水被装进了同一个容器里，由冷到热，然后加了一勺砂糖，白水变得清甜可口，待砂糖还未融尽，又放进来一块黄连，随着时间流逝，水变得愈发苦涩，最后，杯中的水终于被岁月蒸发殆尽，只余下苦甜交织的残渣。一切终成空。

现在，我终于接受了这个事实：我跟你成了比陌生人还陌生的陌生人。阿痕问我："为什么你碰到其他人都笑着招呼，看到他却绕道走？"我无从回答，只耸了耸肩。她又问："你们闹别扭了？"我答："没有。"

我想阿痕大概不会明白，朋友之间闹别扭并无大碍，怕的是相安无事，却自然而然地成了陌生人，不再一起走，不再笑着招呼，甚至装作彼此不认识，从彼此的生命中瞬间抽离，就像之前从未相识过一样。

这样最可悲，因为连向对方道歉的理由都没有，所以，无从挽回。我跟你的结局也一样，无从挽回。最初不相识，最终不相认。那么，再见！再也不见。

时 光 煮 雨

沐 夏

当老师结束课程时突兀地冒出了一句"不可思议"，下意识地一愣，直至老师冲我皱起了眉头我才恍然自己没有站起身，紧忙起身冲老师歉意一笑。周围的同学都穿起了短袖，似乎只有自己依然穿着一件白色的秋衣，就像那个时候的你一样。

扭头看向窗外，春光灿烂。空气中混杂着浓郁的栀子花香。白色的天花板上的吊扇吱吱转个不停，在墙面上投下了一片阴影。

原来，夏天就要到了。

原来，我们已分离了一个四季。

不可思议，多么不可思议，听到这个词时我竟然没有第一时间想起你。

初中时我总喜欢叫你"不可思议"。你每每抬起头来瞥我一眼，眉眼里波澜不惊。然后我要说的话就哽在嗓子里，吐不出也咽不下，就那样卡着，久久发不出声。

我说："天好蓝。"

你："嗯。"

我说："要变天了。"

你："也许。"

你面对我时一直都是冷冷淡淡的，那样的沉默和冷静让人心惊。

即使我一再告诉自己不要难过。那悲伤也如潮水般一次一次涌上来，我无路可退。

我固执地想，你或许从来都没有把我放在心上的吧。我于你而言什么都不是吧！

直到很久以后，在我们分离之后，你的前桌那个温婉如同猫咪一样的女生在学校遇见我时，我才知道了我对你的意义。

她告诉我，你是她初中最好的朋友。

最好！最好的朋友吗？

原来如此，那一刻我甚至有流泪的冲动。

纵使你已不在我身边了，纵使我已不像以往那样在乎你了。但我依然感谢你，至少我知道了自己那三年的付出不是一场竹篮打水。

我始终不知道当初我对你的执拗究竟是为了什么。那三年，我固执地希望你好，希望你快乐。

你的喜好我牢牢记在心里。你喜欢吃菠萝味的冰棍，你喜欢吃绿茶味的葵花子，你喜欢薄荷味的东西，你喜欢棉花糖，你不能吃辣椒会过敏，也不能吃椰果食品……

最记得你吃辣椒会过敏，是因为那次我陪你去吃"串串香"，吃完后你的脸上脖子上长满了红色的密密麻麻的点。我吓了一跳，带你去医务室，医生给你涂药的时候你竟然轻描淡写地说一句："我不能吃辣椒，会过敏。"那次我很生气，第一次朝你大声吼："你是笨蛋吗，不能吃为什么不说，你是猪头吗！"你扭头看向窗外，然后轻轻地说："对不起。"

那个场景到现在都历历在目。

你有问过我："为什么对我这么好？"

我说："我不认为自己对你有多好。"

是真的不觉得，该怎样对你好才能回报你小学的那个微笑和那个手绢的重量？

我知道你不记得了，但我不会忘记。

你一直以为我们的第一次见面是在初一开学，所以你不能理解我对于第一次见面的人便叽叽喳喳问个不停。可是，如果我告诉你不是呢？

我第一次见你是在六年级。对于突然转学到一个人生地不熟并且带有浓重口音的我而言，开学那段时间真是一种煎熬。我常常一个人溜到花圃后面偷偷地哭。你就是在那个时候出现的。没有小说里的披星戴月阿波罗的金色光辉普照在你身上。你望着蹲在角落的缩得小小的我轻微地蹙眉，半晌，突然露出一个大大的灿烂的笑。你从口袋里拿出一条白色的、有细碎花边的手绢递给我，"同学，你没事吧？"

然后，再也没有见过你。

或许这只是你生命中一个微不足道的片段，却成了我难以忘怀的生命阳光。

如果这件事你不记得的话，那便不要记得吧！所有的一切都交由我记得便好。

初中开学那天看见你，匆忙地一瞥连心脏都快忘了跳动。我很高兴，再一次遇见你，这样很好。

我也希望能成为你生命中的阳光，就像你那时一样。或许仅仅是因为这个执念我才一如既往地对你好吧。如今想想，自私的依然是我。我对你所做的一切终究只是为了证明我自己。

初三的时候我们谈到将来的打算，你无意说起你会去黑龙江，也许此生不复相见。

我一阵慌乱，然后在纸上写了一句话："如果有一天我找不到你了，你回来找我好吗？我会在原地等你。"

我没有察觉这话中的暧昧成分，只是想着不要和你分离才好。直到你毫不客气地大笑："我站在街上只看帅哥。"我一怔，也笑了，不动声色地将那张纸撕掉。

你初一时在圣诞节送给我一个玻璃灯球。我一直放在家里，想着初三结束后送还你。可就在中考前些天，我搬书时一不小心将它打碎了，球里的水洒了一地。它一直安安稳稳地站立着，我一直以为它坚韧不拔，原来竟是如此脆弱不堪。那天我蹲在书房看着地上的一摊水发了很久的呆。我想，还是还不了你了。

将别人送我的东西重新包装一遍再送回去，这种事我不是没有做过。可对你，即使那礼物是别人不要你再顺手转送给我的，我也终是不忍的。

清明节时在马路边看见你，不过隔着一条马路却感觉隔了整整一个世界。没有我以为的再见面的满心欢喜。我知道，很多东西还是放在回忆里比较好。

就像那天你说："我们之间好像没有什么话可说的了。"我毫不犹豫地点头："是。""那么，以后就不要再见面了！"这句话成了我们心照不宣的默契。我冲你笑，一脸安然："我走了。"

一路往前走时我本打算坚持不回头，走到一辆车后面仍是忍不住回头看你。模糊的身影，就像住在记忆深处一样。

我曾称你为半个知己，现在却已默然无言。没有经历过同样的事，再也无法感同身受。我终于明白，时光是回不去了。

我被高中同学问到最佩服的朋友是谁时脱口而出的是你的名字。纵使时光如洪荒掩盖了一切我也记得你。

我依旧喜欢卡布奇诺，喜欢棉花糖，喜欢薄荷味的益达，喜欢你曾经很喜欢的一切。

初中聚会有同学问起我和你一样的问题。我想了很久，然后说，因为，她很像我。因为她是我心里另一个意义上的自己，所以不忍心不尽全力疼爱。

仅此而已！

那样为了一个人而没有理由付出的我再也不会有了。所以只是感谢你，让年少的我心甘情愿地付出过那么多，那么久。

昨日记忆，高三22班

盆中困兽

　　似乎已经准备了很久，但总感觉什么也没有准备似的，墙上的倒计时就突然快走到了尽头。老师已经很少再讲课了，所以我们有大把的时间供自己支配，好像暴发户，钱袋鼓鼓却不会理财。楼道里总是传来某位女老师高跟鞋的撞地声，"嗒，嗒，嗒……"衬托着教学楼的安静。

　　后来，事多了起来。

　　不知道是谁第一个在班里发了同学录，接着又有第二个，第三个……最后只记得有一天我手里拿着二十多张，绞尽脑汁，却不想应付了事，因为在乎。刚子写的同学录因为低俗被撕掉要求重写，阿呆嫌谁谁写得少又要加附页，小虫保持着一天只写两张的速度却被指责华而不实。"他们怎么明白？"小虫哭丧着脸说。

　　后来又照相，拍大头贴。班主任一次又一次大发雷霆。

　　老同学喊我去照相。站在校园里，摆着各种各样的姿势，我们拥抱，我们欢笑。最后的喧闹只是因为以后将没有机会在一起喧闹，何况这一次也有人缺席。道旁的树大多花儿凋谢，一朵一朵的花儿聚拢在树的根部。有蝴蝶，却也是一只孤独地飞过。聚完之后匆忙散去，因为我们迎接的是高考。

　　管宿舍的老人早已经开始收购书本，他为此专门腾出的空房被塞得满满。夜里的时候，宿舍楼里总是有人嚎叫，惹得查岗的老师忍不住叫骂。其实他们只不过是在发泄。

晚自习后，操场上总是聚满了人。有人打篮球，有人聊天，还有许多人不知玩的什么，好像是会发光的飞来飞去，真的很好看。宿舍楼下的小卖部里也是人满为患，烤肠的香味胡乱飘散，门外的小黑板上写着"新到同学录"。

科技楼上的大钟不知什么时候停了，几个维修工在楼顶上走来走去。只是，钟表罢工拦不住时间的流逝。宿舍里关不紧的水龙头发出的滴水声刺激着我们的神经，滴答，滴答……

周四和周日是家长探校的日子，也有人说这是探监。木木的父亲总是给他带许多好吃的东西，只是这些东西常常被一些饿狼瓜分；小点每一次都会站在楼下的树旁与她的家人聊天，这个场景从来没有改变过。

我们总是很晚才回宿舍，熄灯、睡觉。超哥会在这时候洗冷水澡，水声不绝。常有灯光从楼下照到三楼我们宿舍的窗上，那一定是班主任了。宿舍内的黑暗被灯光撕碎，而外面，有风在吹打树叶，还有家属院里的猫叫声。"啊……"又一个家伙在吼叫了，有人开始骂娘。

然后，是新的一天。早晨，我喊木木起床。

木木是个快乐的人，当然他也会偶尔郁闷，只不过这段时间比较频繁。他开始处理他的旧杂志，开始厌烦食堂里的干饭，开始在晚自习的时候跑出去，开始与已经分手的女朋友重新谈恋爱。后来的后来我与木木通电话，他说他们两个在同一个城市上学，他还说自己会是一个好男人——这一点我相信。

大多数人都选择了安静，不再疯狂，不再抱怨。每一个人都在等待最后的审判。结局会是什么样子？谁都想知道，却又害怕知道。小虫在他的记事本的扉页上用红笔写着"那就考个二本吧"，不知道其中夹杂着多少无奈。我们不敢做很大的梦，因为梦碎的时候人会疼醒。

许多人来学校里发传单，说某某保健品对考生大有益处。传单上印满各种夸张的口号，还有明星虚伪的笑容。

　　阿呆说，放心吧，我们都有希望。她已经不再光顾校门口的小书亭。以前她总是在那里搜集每一期的《花火》和《许愿树》，在自习课上偷偷地翻阅，然后幻想自己为李准基而死或为傅小司而死。

　　林夕拿着相机在教室里跑来跑去，拍人，拍黑板，拍饮水机。闪光灯一闪一闪，耀着眼睛。

　　高二时的班长跑到教室里找我，给我一张照片，并让我保证将以前209宿舍的兄弟们聚起来，因为我曾经是他们的舍长。但是，我食言了。曾经很多次看那张照片还有背面的联系方式，却没有一次拿起电话。

　　常常遇到果汁，却不知道该与她说些什么，况且两人早已经没有两年前的那种默契。我们都开始叫对方的名字而不是外号，开始在遇见的时候用点头代表一切言语。小李说我不该这个样子。那该怎样？我本来就是一个乏味的人，我甚至忘掉了往日好友的名字。

　　小虫把我的诗集要了过去，看完还给我时，他说我和瑞是同一种人，对生活充满渴望，却又把一切看得太过理想，而这种人总是会失望。从小虫手里接过那本已经掉色的本子，看着自己曾经写的不成诗的诗，觉得是那么亲切。每个人都会有这样一段岁月，一段经历很多、想很多、梦很多的岁月。走过它，我们才开始长大。步入高三后，再没有写过什么，准确地说，是不知道怎么写了。

　　我们一个月回一次家，带着逃走的心情。我问父亲希望我考哪所大学，父亲只对我说"越好越好"，就这么简单，却又那么沉重。回到学校，夜晚做了噩梦，梦到父亲和母亲都在骂我。惊醒了，发现自己正坐在床上，满脸都是泪水。月光透过窗子照在床上，那么柔和。小虫在床上翻转着身子，床板"吱吱呀呀"响个不停。

　　以为自己会变得麻木，却没想到自己变得更加敏感。点点滴滴的琐事都会影响自己的情绪。班主任对我说该把包袱卸下了。只是，当一个人明白了"责任"这个词，又怎么可能再活得轻松。为了独木桥那头

你好，旧时光

的风景，我们精简了生活。渴望平静，那种置身于暗夜的平静，忘却时间，甚至忘却悲喜。总觉得睡觉时间太少，累，班主任说累就对了。

还有十几天就要高考了。一次下课时，坐在后边的阿呆突然叫我，我回过头，听到这个平日里总是嘻嘻哈哈的女孩儿很严肃地对我说："你是一个好人，真的。"是临别赠言吧？我说："谢谢！"

没错，真的非常感谢。直到今天，每当想起阿呆的这句话，心里依然会觉得温暖。谢谢，虽然我觉得自己是那么差劲。

后来，瑞走了，我用老师发的作文纸给她写了留言。后来，刚子也走了，我和小虫去送了他。

后来，就是高考。高考那三天很平静，出人意料地平静。以为自己会紧张，一旦遇到了才发现没什么。

晚上，操场上仍有人在玩那种会发光的东西。那么多，红的，蓝的，很美，像梦一样。

再后来，回学校领了毕业证。坐在空荡荡的教室里，大家三五成群地说笑打闹，谈往事，谈未来。书桌上没有了书，视线也不再受阻拦。一张张亲切的面孔，带着青春的张扬。我们都很年轻，未来会很精彩。聚了，再慢慢散去。教室里冷清下来，只剩书桌、墙壁，还有刻写的文字。而那段有着泪水有着笑容有着梦想的高三岁月，就这样过去了。

我们毕业了，我们真的离开了。

而今，坐在电脑前，看着空间里林夕拍的那些照片怀念。22班，背景乐是西城男孩的《Seasons in the Sun》。

晴小亮的倒霉一日

水犹寒

当晴小亮睁开双眼时，他很清楚地看到阳光洒进窗户投射在墙上两点钟上方。这预示着什么？显而易见——他！要！迟！到！了！

明明昨晚临睡前已经把闹钟定好了，怎么回事？不容多想，抓起闹钟一看——12点30分45秒。听说不管是手表、闹钟还是壁钟，当它就要没有生命时，不管秒针在哪个地方，它都会拖着最后一点儿力量来到"9"的这个位置。真是奇怪的秒针，不是吗？命都要没了，仅最后一点儿时间，不好好休息，还要拼命。

"是没电了呀！"妈妈声嘶力竭的吼叫一出口，不远处的鸟儿都要心碎了吧。"现在几点了？""哦，亲爱的儿子，有个不幸的消息要告诉你，现在是北京时间7点1分。"哦！要知道，蜜桃妈妈带来的消息是多么震撼晴小亮——还有十九分的时间可以用！到学校走路十分钟，要是跑步呢？那还真没想过，以前睡得再晚，还是有三十分钟可以用的。可现在……

晴小亮慌慌张张地从床上爬起来，随便抹把脸，再刷一下牙，但是……牙膏好像不听话，掉在了下巴上，只好重新再洗一遍脸。嘴里叼片面包，手里拿瓶牛奶，肩上背着书包，正要下楼梯，但晴小亮猛地一怔，心理学上说这个是冻结行为——在遇到危险或意外时的行为。有危险？绝不可能！那就是意外咯——居然还穿着拖鞋！

换好鞋的晴小亮也没有心情再吃了。走在路上，脑子飞速地旋转：是用跑的还是走的？认识晴小亮的人都知道晴小亮是个幸福到家的人。只要能躺着，他绝对不坐着；只要能坐着，他绝对不站着。介于跑和走之间，跑能省时间，走着不会累。那到底要怎样？想来想去还没想好就已经到学校了。

看到门卫墙上的钟，7点20分。啊……还有三分钟，教室在一楼，迟到看来是没希望了！

"那个，同学，等一下。" 晴小亮正满心欢喜着呢，突然被人打乱，任谁都会生气。"小同学，你是不是找不到或者迷路了？没关系，来，我带你去。"虽说晴小亮个头儿不矮，但也确实不高。被人认作初一新生，那还说得过去，但被认作小学生——望着这个热情的大哥哥，无奈地只好出示学生证。

被这么一闹，晴小亮踏着铃声走进教室。虽然没有迟到，但还是被老师瞪了一眼："下次早点儿，否则……"

也许幸运之神还是眷顾他的，至少作业是有带的。只是"家长签名"的红单子又让晴小亮傻了眼。昨天，貌似、好像、大概、应该是老师通融的最后期限，那么今天就是死期！

一圈、两圈、三圈，还有最后一圈，真是后悔啊，为什么不吃呢？就算一口面包也好啊！最后一圈跑完后，晴小亮只觉得有好多星星在头上转。

对于三十分钟跑完五圈的晴小亮，老师无奈了。只能让他放学打扫教室，并且是他一个人。

五个，四个，三个……终于最后一个同学也走了，晴小亮才开始打扫教室。晴小亮真不愧是晴小亮，怪癖还不少……扫地就扫地呗，干吗还要等所有人走了才愿意扫呢，晴小亮对此解释：人那么多，垃圾会躲起来。

扫啊扫，最后一张废纸扔进桶里，Yes！倒垃圾去！提着垃圾桶眼见就要到垃圾堆了，突然桶上的盖子掉了出来。顿时，垃圾飞出了一半。怎么这样？正想办法解决，就听到老师在说："现在的学生啊，怎么能这样？离垃圾堆还有几步，连这几步都不愿走，真不像话……"老师还没唠叨完，晴小亮早已把垃圾扫干净，把桶的盖子重新装好，返回教室了。

　　检查完门窗，晴小亮哼着曲子回家了。只是作业怎么这么多呀！一直写到晚上10点才完成，为了不酿成和今早一样的结果，晴小亮把闹钟装上电池，并且定在了早上6点。做完这些，晴小亮满意地睡了。

　　只是……晴小亮貌似忘了，明天是星期六啊！

039

等待中考成绩的日子

宋 夏

中考完毕，和一起度过了三年时光的同学们去KTV，这是在承受巨大压力后的第一次释放，也是在步入初三以后做过的最疯狂的事了。

那天晚上，大家玩得都很尽兴，连一向不敢在人前展露歌喉的我都因为动情唱了一首苏打绿的《再遇见》。我深知自己五音不全，但同学们没有人嘲笑我，反而很捧场地为我鼓起了掌。

当晚的高潮爆发在大家合唱完一曲《北京东路的日子》之后，考试的不如意、离别的伤感充斥在每个人的低声耳语中，像空气中夹杂的雾霾，每呼吸一次，心痛便增一分。

但离别，不是遗忘。

KTV以后，我们的生活又回到了最初的平静，只是内心多了一份聒噪，多了一份想知道中考成绩的迫切。不知怎的，以前视考试成绩如浮云的我这次竟然特别牵挂，或许是因为周围人潜移默化的影响吧。

于是，QQ群里每天都有我喋喋不休的念叨：中考成绩什么时候出啊？你们查到了吗？多少分啊？……

终于有一天，在一旁"潜水"的荣嬷嬷实在看不下去了，私下里问我："你真的想知道中考成绩吗？"

"废话，我要是不想知道成绩的话干吗还天天在这里像抽了风一样地问啊！等一下，难道你知道在哪里查成绩？"我略带惊喜飞速地敲击着键盘。

不一会儿，屏幕闪动了几下，荣嬷嬷那带着欠揍表情的话语就落到了我的对话框内："好吧，我虽然不知道在哪里查成绩，但我有中考试卷的答案，等下发给你，但是你可要保证看完之后不要找我哭鼻子或是撒泼打滚儿哦！"

"OK！成交！"我无语，天知道我有多想灭了她。

荣嬷嬷很快便发来了一个文档，我却迟迟没有点进去。我怕看完以后自己会败得一塌涂地，我怕伪装了这么久的镇定在这一刻砰然崩塌……但最终我还是点了进去，因为我是那么想知道结果。

我深吸了一口气，努力地控制着自己的手不再颤抖，颇有些"壮士一去兮不复还"的悲壮。点击文档，载入，里面是今年所有中考试题的答案。我一一翻阅，生怕有一丝纰漏。看着面前的标准答案，然后在七零八乱的回忆里搜寻着有关"中考"二字的记忆。令我惊讶的是，以前连背首《木兰辞》背了半个多月都背不下来的我，竟然把中考答案记得清清楚楚，仿佛镌刻在脑海中一样。

核对完答案，心中五味杂陈。怎么说呢，有种凤凰涅槃般的洒脱，也有种恨铁不成钢的自责。总而言之，几多欢喜几多愁，语文、数学、英语还好，物理挂了，化学还算满意。

接下来又度过了一段冗长的时光，总觉得离出中考成绩还是遥遥无期。本以为在经历了这么长时间的等待后，那份想知道中考成绩的念头会慢慢淡去，其实不然，它反而变本加厉地成为我们茶余饭后的谈资。怎么办呢？又能怎么办呢！继续忍受等待的折磨呗。

在广大人民群众日日夜夜甚至睡觉做梦都念叨的情况下，中考成绩终于在网上公布了。查成绩那天，我怀着十万分的期待，也怀有十二万分的忐忑，我怕期望越大失望越大呀。

　　打开查询成绩的网址，依次输入姓名、报名序号和准考证号，最最令人激动万分的时刻终于到来了！点击确定，屏住呼吸，睁大眼睛，注视着电脑屏幕上的一闪一动。然后，电脑"唰"一下闪出一行字：你搜索的网页暂时打不开，请稍后再试。

　　还有比这更坑人的吗！

　　我更加急促不安了。于是，又按照以上步骤重新来过，这一次我紧张得手心都冒出了汗。当我看到电脑屏幕上闪出"654"这个鲜红色的数字后，不由得发出一声曲折似鬼叫的声音，我恨不得把我考了654分这个消息告诉所有人！

　　当然，我也确实也这么干了。等了这么久才熬来的中考成绩，不与人分享实在对不起苍天、对不起大地、对不起全国人民。

　　在等待中考成绩的日子里，每个人都备受煎熬，压力是来自于身边人对自己成绩的关注，也来自于自己对前途的担忧。本来想写一篇催人泪下的抒情文来缅怀逝去的中考岁月，但写着写着发现跟伤感抒情根本搭不上边儿了，反而把此文写得颇具喜感。好吧好吧，我承认本人此刻正笑得花枝乱颤，但我才不会告诉你我笑得花枝乱颤的原因是因为我拿到了一中的录取通知书呢。哇哈哈哈哈哈！

夏 日 倾 情

苏 航

夏至，在这座海滨小城里，阳光明媚得不像话，洋洋洒洒地铺满了整个校园。偶尔迎面吹来的海风，夹杂着海水咸咸的却又清新的味道。站在学校科学楼的顶楼甚至还能看见整个湛蓝湛蓝的海。如梦似幻。

一切都如此美好。

1

我叫蓝浩，是这间坐落于离海边仅有五百多米的海滨高中的一名普通学生。

偶尔喜欢一个人泡在学校外边安静的书吧里，点上一杯飘着浓郁奶香的奶茶，翻翻书吧里的书，安静地消磨无聊的时光。或者戴着耳机，任青峰干净迷人的声线在耳边低吟浅唱，搭上前往市区的小巴，到繁华的大街乱逛。再或者漫步到不远处的海边，脱下鞋子，踩着柔软的沙滩，晒太阳，或是任海浪拍打脚丫。

因为，这是你的习惯。这是你跟我说你所喜欢的安静闲适的生活。

是的，我正暗恋着一个女孩儿。

一年零六个月了。

2

那天，在书上看到这样一句话：物质决定意识，主观符合客观，大概是初遇时你笑了，所以我爱了。

然后，我又想起了你。

仔细回想我们的相遇，没有过多的言语，也没有小说或电视剧里面那样戏剧和意乱情迷。不过是简简单单的相遇相识而已。可是，却如此让人念念不忘。

初三那时你我就认识了，但，是那种知道有这号人物存在却从未打过招呼的关系。因为你在我的隔壁班，你的朋友有时会稍微地提起我，而我也只是通过别人的介绍才知道了你的名字。

不过，我们很巧合地考上了这所靠海的高中，又很巧合地加入了同一个社团。慢慢地，我们开始熟悉，成了很好很好的朋友。你会偶尔向我抱怨你的小情绪，跟我谈你所向往的大学。

文理分班时，你我都毅然地在文科的那一栏潇洒帅气地打了钩，然后我们就这么被分在了同一个班里面，而且你我是前后桌。

可能这就是所谓的缘分吧。

自此以后，我们开始无话不说无话不谈。你会在我上数学课昏昏欲睡的时候转过身来狠狠地瞪我一眼，我就会马上精神起来；你会跟我说你喜欢在开心时吃一根五羊雪糕，接着以打不死的小强精神继续奋斗；你会跟我说你难过的时候就拉着文丹的手跟你一起去海边散散步、聊聊心事；你会在课间时告诉我哪班哪个男生或女生长得好看，然后又跟我抱怨自己长得怎么就不那么突出呢。那时的你真的真的很可爱。我笑笑，痞痞地说："不必羡慕别人，其实你也蛮不错的，不缺胳膊不少腿的。"然后你就会抛给我一个能杀死人的眼神。其实我想说，你每次对我做出这个眼神的时候，我都觉得有种莫名的幸福感。

我就是从这时开始喜欢你的吧。

3

柏拉图说，岁月就像一条河，左岸是无法忘却的回忆，右岸是值得把握的青春年华，中间飞快流淌的，是年轻隐隐的伤感。

那隐隐的伤感应该就是指感情的无法表达和青春年华的溜走吧。

有人说，暗恋是场成功的哑剧，说出来便成了悲剧。

你曾多次问过我是否有喜欢的女孩儿，每次我都是支支吾吾，满脸通红，没有正面回答，就因为那个人是你。

一天，你给我发信息："我听有很多人都讲你有喜欢的人了，身为你的朋友，我都不知道，快跟我说啦。"

我不知你是出于好奇还是关心，只好简单地回复你："别听其他人瞎说，没有的事啦。"而我内心却在说："那个人就是你呀。"只是我并没有勇气这样回复你。

元旦那天我特意等到零点，然后给你发了一条信息："我说过会永远在你身后，从13到14，我坚信我会做到的。元旦快乐！"

你很快地回复了我。你说："无论2014年有多难走，我都会陪你走过，即使我们料不到结尾，也要坚强走下去，答应我，因为我们是梦想的孩子。晚安。"

我抱着手机想了很久。

可是，你明白我所说的"从13到14"的真正含义是什么吗？

突然想起你曾经跟我说过，在最美好的青春里就该纯粹、勇敢地喜欢一个人，不求结果，不求未来。

我想，我做到了。

4

学校音乐艺术协会举办才艺大赛的时候，我成功地闯进了复赛，演唱了一首黎明的《夏日倾情》。可惜，没能进入决赛。刚刚好排到第十三名，而决赛只取十二个人。十分遗憾我没能在舞台上为你演唱这首歌。

我跟你说，这首歌是送给你的。你一脸的迷茫，只是说我唱得很好听，你以前从未听过这首歌，你会下载来听的。

嗯，那么听完后，你还是没明白我的心意吗？

"这首歌在梦里面/完全为了你而唱/让我的声音/陪着你吧/I love you 你会否听见吗/你会否也像我/秒秒等待遥远仲夏/I love you 你不敢相信吗……"

你应该知道了吧？

可是，为什么你一点儿反应都没有？

5

其实我一直都知道你之前喜欢过吴大吴的。

吴大吴真名并不叫吴大吴，因为他以自己为原型写了一篇文章，男主角就叫吴大吴，女主角叫乔小乔。故事我也看过，唯美动人，很能触动女生的小心扉。你一直缠着他问这篇文章的想法，你对他的那种眼神，已经暴露了你的心思。坐在旁边的我怎么会不知道呢？呵呵。

你很希望自己是文中的乔小乔吧，只是你不是属于他的乔小乔，而他也不是你的吴大吴。谁都不是谁的谁。

可是，我却想做你的吴大吴啊。

我想在你难过的时候陪你一起去海边，想在你开心的时候陪吃一根美美的五羊雪糕，想在你不安的时候给你一个温暖的拥抱……不过，这些都仅仅是我的幻想。

6

最近这座小城开始风风火火地搞旅游业，办海边度假村，瞬间把原本普通的海边改造成了如马尔代夫一样的度假胜地。

明媚的阳光，沙滩，纯白的浪花，偶尔漂流到岸边的贝壳，可以俯瞰整个度假村的海景塔，夏日风情的海边椰亭……

又多了一个新去处了呢。我笑笑。

这不正是你向往的吗？

或许很多年后，仔细回想，才会懂得这段暗恋才是最美好的青春吧。

青春的阳光，灿烂，散落，零星。青春就如同茉莉花的香，清淡、飘香、细腻。没有轰轰烈烈，却平静诱人。

岁月静好如初，青春烂漫于心底。

我有一段很美好的暗恋时光。

夏日炎炎，夏日倾情。

那个夏末，请静躺岁月里

溪 子

美丽的撞见

淘气的阳光从指缝间溜走，幻化作碎片洒在橘黄色的课桌上。凌一托着脑袋望着窗外那棵已经开始落叶的大榕树，喃喃地说："夏末，你终于来了。"

风风火火的小伊飞也似的冲进教室，直奔凌一的座位。凌一看了看她这个从小到大都像极了一匹脱缰野马的死党，叹了口气，从粉色的包包里抽出一张纸巾，擦了擦小伊额头沁出的汗珠，"怎么了，你看你，都没有一点儿淑女风范，小笨蛋。"凌一说完又宠溺地刮了刮小伊的鼻子。小伊吐了吐舌头，拉过凌一，俯在她耳边悄悄地说了句什么话，只看见凌一眼底流淌出一丝惊异，继而神秘地笑了笑。

放学了，一大群学生蜂拥而出，似乎学校外的天空更蓝，大家都那么迫不及待，转眼，学校只剩寥寥几人。小伊拉着凌一的手，奔向学校西北角的绿化带。"他每天都会在那儿和别人打羽毛球。"小伊小声地对凌一说。

小伊拉着凌一躲在大榕树后，看着草坪上用羽毛球拍在空中画着一道道完美弧线的少年，"就是那一个白色衬衫的男生，很可爱吧？"

小伊羞涩地笑笑。凌一揉了揉小伊发烫的脸颊，看了看那个小伊暗恋的少年，心想：希望他能看到这样的一个善良的女孩儿。

过了一会儿，小伊对凌一说："他们也快走了，我们走吧。"凌一牵着小伊的手准备走，突然，凌一被大榕树露出地面的树根绊倒了，随着小伊的一声尖叫，凌一的膝盖重重地摔在一块小卵石上。小伊忙扶起凌一，让她坐在地上，看她的伤，鲜血渗了出来，在凌一白皙光滑的腿上显得格外刺眼。小伊倒抽了一口冷气，头开始发晕，瘫坐在地上。凌一咬了咬薄薄的嘴唇，轻轻地说："小伊，你不是晕血吗？你不要看了，扶我起来就行了，我的伤不要紧的。"

回过神儿的小伊忙扶起凌一，谁知凌一"啊"地叫了一声。"怎么了？"小伊惊慌地问。"好痛，怕是伤到骨头了，小伊，要不，你先去叫人来，我在这儿等你。""不行啊，我怎么能扔你在这儿，再说，现在都放学了，哪儿还有人啊？"说完，小伊突然拍了一下脑袋，跑向草坪。小伊叫来了那个她暗恋的男生和另一个少年，凌一抬起头，目光刚好撞上少年的眼眸，少年的眼睛像清澈的湖水，脸颊还有很好看的弧度，凌一竟有那么一瞬间的失神，当她回过神儿时，脸很自然地就红了。

白衣男生和少年商量了一下，决定让少年背凌一，然后小伊和白衣男生陪着去医院。少年轻声地争取凌一的意见，凌一感到脸直发烫，默许地点了点头。

在少年的背上，凌一的心扑通扑通地跳个不停，脸微微发红，弄得小伊以为凌一发烧了，一直催少年快点儿。凌一在少年的背上，感到很安定。

凌一的心事

凌一醒了后，发现自己躺在了医院洁白的床上，小伊头靠在她的腿上，睡得正香。凌一不忍吵醒小伊，悄悄地想下床自己倒杯水，却忘了膝盖上的伤，不觉叫了一声。

叫声吵醒了小伊，她揉揉发酸肿胀的双眼，"这是哪儿啊，凌一，你怎么在这儿……"好不容易回过神儿来的小伊赶紧看凌一的伤，啰里啰唆地问了一大堆。凌一没回应，只是看着小伊一个劲儿地笑，看凌一没什么事，小伊舒了口气。接着小伊便开始讲那个她暗恋的男生和那个少年多么多么好。小伊没有发现，凌一的脸微微地红了，不经意间嘴角上扬……

凌一出院后，小伊抓着空闲就帮凌一补课，还念念有词，什么不能让一个未来的人才败在自己的手上。尽管凌一知道小伊那点儿基础对她根本没什么帮助，但为了让小伊高兴，她还是多次配合小伊。

出院后，凌一有很多时间是在发呆，弄得小伊越来越不高兴，整天嚷嚷凌一冷落了她。其实，凌一知道，小伊现在比谁都忙，她每天都要和那个她暗恋的，不，应该是明恋了的男生打羽毛球，就连回家也在苦练球技。

凌一还打听到那个背她的少年就在她的隔壁班，叫凌阳，人如其名，就像阳光一样给人以温暖。从此以后，凌一总是有意无意地走过隔壁班的走廊；从此以后，凌一总是有意无意地在走过隔壁班的走廊的时候提高声音；从此以后，凌一总是找好多理由去隔壁班；从此以后，凌一总是……

随后，凌一陆陆续续在小伊的口中知道了更多关于凌阳的事。"凌一，告诉你哦，明天可是我的他的生日哦，还有那个凌阳，听说他也是明天生日哦。"小伊边说还边想要买什么礼物。凌一低垂睫毛，呼吸也变得不匀，她在想，也该到时候了。

第二天，小伊兴高采烈地去跟她的他约会了。而凌一则在大榕树那儿徘徊，她在等，在等凌阳，因为凌阳每天都会在这儿看会儿书或打会儿球。凌一手里拿着一个墨绿色的礼物盒，手心淌着汗，心跳也在随时间流逝而加速。凌阳出现了，他还是一件白色的衬衫，夕阳给他镀上一层金色，更加帅气了。凌一觉得自己的心跳和呼吸在那一秒就停止了，凌阳走过来，他认出了凌一，礼貌性地打了个招呼。

凌一小跑到他身边，把礼物塞到他手上，说了一句"生日快乐"便头也不回地跑了。坦率地说，除了中考考体育以外，她还从来没有跑得那么快过。凌一一口气跑了很久，直到确定看不到凌阳了才停下来，她擦了擦额角的细汗，微微地笑了。而凌阳还在原地发呆，夕阳将他的身影拉得老长，他望着那个墨绿色的礼物盒，微微地皱了皱眉……

有些会随时间流走的东西

在送了凌阳礼物后的那几天，凌一根本没心思听课，脑海里满是凌阳收到礼物的各种反应，在上数学课的时候，她居然笑出了声……抬头瞧见数学老师那双足以吓死人的眼睛，她知道，不妙了。"凌一，你保重。"小伊万分悲痛地目送凌一，颇有些壮士一去不复还的味道。在数学老师和班主任一个小时的炮攻下，凌一感到一个头变成两个大了。但在看到小伊后，她舒了一口气，正想以蒙娜丽莎的微笑迎上去，却看到小伊手上绑着一条绿缎带，她的笑容瞬间凝固了。

"凌一，你可算出来了，怎么样，老班有没有为难你啊，有没有……"小伊絮絮叨叨地说。"你手上绑的是谁的啊！"凌一冷冷地问。小伊没察觉出凌一的异样，仍笑嘻嘻地说："这个啊，是凌阳送给我的那个他的，被我抢过来了，好看吧？"反应迟钝的小伊没有察觉到，凌一的眼底有了闪烁的液体，还在那儿一直说，直到凌一哭出了声。"凌一，你怎么了，你……"

之后的一个星期，凌一会莫名其妙地伤心，天也变得灰蒙蒙的。终于，小伊忍受不了凌一这样颓废下去，拉着她去了大海边，凌一对着大海和小伊说出自己所有的秘密，内心舒服了许多。在小伊的陪伴和安慰下，凌一慢慢走出这场还没开始就已经结束的暗恋。

后来，凌阳给凌一写了封信，无非是表示自己想好好学习以及抱歉的话。凌一已经走了出来，她没有哭也没有笑，很平静地给凌阳回了信，内容也大致一样。尽管偶尔凌一还会有小伤心，但她知道，时间会把这些伤化掉，友情也会填补那些缺憾，阳光下，她还会再次微笑。小伊把绿缎带还给凌一却又被凌一送给自己，凌一还是刮着小伊的鼻子："我们会是永远的好朋友，对吗？""那当然啦！我永远是凌一的死党。"

那个夏末，晴朗的天空下飘舞着一条绿缎带，它见证了一段青春小故事和一段美好的友情。

年少，我们的心可能会有懵懂的萌动，有些会带来伤感和遗憾，但不要紧，那些并不是我们的唯一。回首，你会发现自己还拥有许多快乐的东西，黑夜过去，会有一个新的黎明到来，那些阳光仍会给你温暖。

爷爷带走的爱

张　恒

　　我很小的时候，爷爷就走了。

　　爷爷的面庞在我的记忆中是模糊的。即使每年过年和清明时都能看到他的相片，但这还是能轻易地混淆我对爷爷生前模样的记忆。我对爷爷印象最深的是一句话，爷爷说天兵天将来接他了。我也清楚地记得奶奶转述这句话时的表情，你无法从她的视线中找到一个准确的焦点，眼泪只留在眼眶里，也许曾流出来过，只是被干燥的岁月蒸发了吧。

　　爷爷是一位诗人，也是一位赤脚医生。他写过好多东西，都在一只大箱子里，由我爸爸保管。那只瓦楞纸箱子里的诗和医疗笔记是我对爷爷的全部了解。在他的四五本小册子里有好多篇从人民公社报纸上剪下来的笔名为昆仑所作的小诗，大多是颂扬公社的，让人不禁联想到教科书上广为流传的卫星田图片和那只大肥猪。我没有资格对这些文字品头论足，因为我永远无法想象他到底经历了什么，这是我每次打开爷爷的小册子时都会对自己说的话。

　　小册子的下面摆放的是医疗笔记。爷爷的笔记有两类，一类是记载患者病情的，一类是记载各种中药药性的，字迹非常工整，瘦长瘦长的字体，每一折弯处和撇点处都有一个大大的顿笔。爷爷的医术在他的笔记上可略见一二。什么病症，服用什么药，服多长时间，最后什么效果，都被爷爷用标准格式记录在笔记本里。张女士的宫颈炎，李老头儿的风湿病等等，这几百号在他笔记本里的人对爷爷来讲没有秘密。爷爷的中药笔记也非常多，药性、患者病例、使用药效历历在目，对我而言这毫不亚于《本草纲目》的水准了。笔记里的每一味中药都有爷爷亲手绘制的图片，并能在植物根须中发现爷爷的顿笔习惯。有时我会偷偷想，若是当年我少出去抓两天蚂蚱，是不是现在也像秦越人那样做个悬壶济世者呢？

对生的已知，对死的未知；对生的未知，对死的已知。任何一种情况都让人们对死亡既向往又惧怕。只是每个人对生死的看法不同罢了。而像我这样的人，更多的是对生未知，对死亦未知。我还什么也不知道，更谈不上什么生死之我见了。如果能活就好好活着，如果要离去也无能为力。在生死这般无力回天之事上，也许承认和妥协才是正道吧。

然而承认了，妥协了好像还不够。

最近看了韩国电影《婚纱》。故事中的妈妈走了，她留下的却不只有悲伤。身边所有人用心努力，让她在最后一段日子里快乐开心：婚纱店的老板不分昼夜地赶制婚纱只为完成她的心愿，可爱聪明的女儿精心准备芭蕾舞表演。还有，姊妹情感伤痕的愈合，年轻人因为帮助小女孩儿而喜结良缘的欢乐，小女孩儿在妈妈鼓励下与朋友们和好如初，她每一天的成长，都让人们看到了爱。这份爱弥合了身后亲人哀恸的伤口，使他们更加热爱生活，珍惜身边人。如果一个人在生命的尽头能给身后的人以智慧和鼓舞，让他们更加明白地继续生活的旅途，如果一个人对生命终结的承认和妥协能够带给身边人以动力和温暖，让人们不再畏惧死亡，死亡之于你，也许真的是一次解脱和升华了吧。

奶奶现在还在卖爷爷生前治疗牛皮癣留下的方子，这位八十八岁的老人，做药卖药早已不是营生的手段，而是一种与丈夫沟通的方式了吧。"亲戚或余悲，他人亦已歌；死去何所道，托体同山阿。"只愿这世界多一些温暖，再多一些才好。

男孩子是拿来疼的

还是文科生那会儿，我们班女孩子与男孩子基本是绝缘了，班里就三个男孩子，一个美术生常年在外赶飞机、坐火车、蹲画室，一个体育生天天在操场挥洒青春的汗水，而剩下的一个男孩子本着不同流合污的精神一下课就往厕所里扎。所以再怎么说话轻柔、一举一动透着淑女风范的女孩子离开了男孩子的氛围，也会变得像抠脚汉子那样不顾形象，啃着包子、跷着二郎腿做题目。

男孩子是拿来疼的

宠物酱

男孩子是稀缺的资源

　　还是文科生那会儿，我们班女孩子与男孩子基本是绝缘了，班里就三个男孩子，一个美术生常年在外赶飞机、坐火车、蹲画室，一个体育生天天在操场挥洒青春的汗水，而剩下的一个男孩子本着不同流合污的精神一下课就往厕所里扎。所以再怎么说话轻柔、一举一动透着淑女风范的女孩子离开了男孩子的氛围，也会变得像抠脚汉子那样不顾形象，啃着包子、跷着二郎腿做题目。

　　进了师范学校后，更是秉承了以前班级的优良传统，尤其是在男女比例1∶30的英语教育专业上，我依旧那么女汉子，上得了台面换灯泡，下得了台面啃面包。本来这换灯泡的事情应该是男孩子干的，可是我们班的独苗虽然是个上得了台面、玩得了街舞、带得出去的购物袋，但是身高是硬伤，再怎么爷们儿也换不了灯泡。

男孩子是欺负的好对象

　　第一次见到小学弟时，他那会儿刚好被抓去充女壮丁，脸长得白白的，大眼睛，笑起来有两个小酒窝，整个一小正太，结果被学院的街舞社活生生打造成了美娇娘。在学院开幕式上跳完舞后，他脸色苍白，两条细腿摊在休息室冰凉的地板上，双眼无神。几个小学姐挨着头，齐刷刷蹲在地上给他做思想工作。

"想开点儿。"

"给你介绍小学妹。"

"我保证就这一次，下次换人。"

诸如此类的话讲过后，他勉强振作了下精神对学姐说："我知道了。"那模样就像一只困顿迷茫的小兽，顿时激发出了学姐们的母性。但自从那次开场舞后，街舞社就永远他上场了。

学院女孩子多，男孩子少，很多男厕所都被改造成女厕所，而我嫌人挤刚好去蹭了男厕所。然后又一次华丽地遇到了小学弟，那次我正对着厕所里的镜子洗手，看到镜子后面学弟那张苍白的小脸，我还没来得及解释，他就花容失色一溜烟就跑了。其实我只是想说"这真的是男厕所"。

最后一次遇到小学弟，是在部门庆功宴上。男孩子就独苗和他，本着"性别不同，如何相爱"的原则，小学弟死死地坐在独苗的身旁，不想酒过三巡后，独苗睡着了，就剩下他和我们一群虎视眈眈的小学姐和小学妹，各种游戏后，匆忙逃离现场。隔天他泪眼婆娑去请求学校让他转专业，原因是我们昨晚庆功宴上一个学姐跟他告白，就此这学姐因为调戏学弟出名了。但是这么可爱的男孩子，我们怎么舍得放手？

男孩子是种可以傲娇的生物

我记得我高中那会，和一男孩子轧马路，他问我为什么在一些人面前老是把他放后面。我不以为意地说："因为你是男孩子，没啥好担心的。"然后他瞪着眼睛看了我一眼，就停下来了。我回过头看着他的侧脸好一会儿，最后揉着头说："你再不放下那根电线杆，我就走了。"结果我走了，他真的没跟上。

那几天，他没有理我，接着他忍不住咬牙切齿地发了一手机短信给我说："你真的惹毛我了。"我没有回复，心里想着怎么这么傲娇呀。

最后，他骑着单车站在我家楼下看着站在楼上的我，我被冷风打个激灵后，看着他单薄的衣服以及脸上挂着那个不逊的表情，突然脑袋里冒出了一句话：男孩子是拿来疼的。

后来，我下楼递给他一本漫画书说："这是我昨天刚买的，看完记得还我。"他抽了抽鼻子，迅速接过漫画，然后只留给我个后脑勺。

我看着他在田野小路上骑着车一颠一簸的后背，顿时觉得好玩，心里有股异常的暖流流过。

这男孩子怎么这么容易害羞，我喃喃自语。

尾　声

既然男孩子是拿来疼的，那我就疼吧，本着爱护男孩子的精神，我忍痛给小弟买了他心心念念的变形金刚，结果他没玩几天就挂着两行浅浅的泪水在我面前卖萌说要我书房那个模型娃娃，我拎着这个丁点儿大的孩子语重心长地说："乖，给我面壁思过去。"

遇　见

丁绿珊

提起笔来，就忘了一大堆想要和你们说的话，千言万语，我现在只想说：谢谢陪我走了五年的你们，小孩、格子、武大、武小，遇见你们，此生荣幸。

小孩儿，快乐的你

很幸运，是吧！我想到你每次总是笑得无比夸张的表情，问了自己一句，是的，真的很幸运。很幸运我们是邻居，做了六年的同班同学，一样的双鱼座。我从来没在你面前矫情，因为我知道你不会适应矫情的我，但我要矫情一下。你很好，你有很多优点，虽然难免会有一些缺点，我现在会做很多家务，是很早懂事的你教的。我有时会贪心一点儿地问老天，为什么不让我早些和你这般要好？但却还是要谢谢老天，没有让我们错过。我知道你会在买衣服的时候，因为自己的身材而烦恼，但为什么不想想这是老天的恩惠呢？那是你活得比别人更开心，你吃得香、睡得踏实，你比别人幸福啊！这样的你是我们的开心果，你的笑声无时无刻不感染到我们，因为你的笑声让我们更轻松！

现在的你，或许正咬着笔杆，在埋头苦学吧！加油哦！还有，谢谢你的支持，谢谢你一直不离不弃，更谢谢你要我坚持！你也一样，不

男孩子是拿来疼的

管你是做什么决定，我都会支持你！

武大、武小，双胞胎的你们

许多同学会分辨不出来哪个是哪个，有时叫错了还闹了笑话，你们俩会互相贬损彼此，会不怎么亲近，却很关心人。其实你们很幸运，在一个母体中长成娃娃，本来会是同一个人，分成现在的两个人，看对方，仿佛在照镜子吧！

武大外表看起来文静，其实是个泼辣的女生。待人友好，是你给许多人的第一印象，因为你那淳朴的笑容总让人觉得你平易近人。其实那是你的外表欺骗了善良的人们。你呢，生就一个"吃货"的命还有吃不胖的身材，你那怎么吃也吃不胖的身材，真让人羡慕妒忌。每次问你以后有钱要干吗或者以后做生意要做哪行，你的回答都是一成不变和吃的有关。还有爱和我们吵架的泼辣样，眼睛瞪得大大的凶样，我永远不会忘。

武小，长相跟武大差不多，但比起你的姐姐，你没那么爱损人，但姐妹就是姐妹，多少还是会损的。上小学那会儿，我们总说你上课不认真，那时候每个人都希望做个好学生，巴不得让老师表扬，而你却对这些东西视而不见。那时，你就很期待每天都可以放假不用上学，不用看见那些烦人的习题，可以在家睡大头觉对吧！现实却残酷地将你的幻想扼杀了。现在我想说的是，别去管太多，你要过得开开心心，不管你和你家武大的选择怎么样，你们记住，你们永远不会一无所有，因为有我们！

格子，安静的你

格子啊，你太安静了啦！每次我们吵着嘴，为了一个小问题争得面红耳赤的时候，你总是那么安静地看着、笑着，有时候特别想说：

"格子，欢迎加入战斗！"我很喜欢挽着你的手过马路，穿过大街小巷，那种日子很幸福。我知道你会担心跟不上班里的同学，看着他们仿佛只要学习不要命的时候，是不是压力很大？其实你也很棒啊，你在羡慕别人的时候别人也在羡慕你。一个人如果总拿别人做比较，只会觉得更累，更难过，你有很多优点啊！人长得漂亮，身材瘦而高，性格跟我很合啊，如果这也算是优点的话就算了！格子，不要把你内心藏起来，那样会让我觉得你离我们很远。格子，做了选择的话，勇敢去迈步吧！我们会一直在的，格子，就算你不说出来也看得出来其实你很在乎我们哦！

格子，中考后你真的要走啊？

格子，走了也别忘了我们哦！

格子，到时候要走的话，说一声，我去送你！

你要记住，我们永远都在！

061

男孩子是拿来疼的

闺密一声大过天

杜克拉草

刚起了题目，忽然就不知道怎么下笔了。

我说趁着放假我要好好写稿，拼命地写，不然高三就没什么时间再写了。你说"亲爱的你什么时候也写写我呗"，看在你是我两年闺密的分儿上，我就勉为其难地答应呗，不过丑话说在前头，不满意也不能怪我。

高一一开始的时候，咱还不是特别的熟，但不知道后来怎么的，我们就成了闺密。我想外貌协会的我一定是被你长得小清新的脸给鬼迷心窍了。

还记得高一的运动会吗？运动细胞都死光的我抱着玩的心态参加了五人六足，可能是你运动细胞太活跃，参加了短跑一百米还不算还参加了五人六足。那个时候我觉得我们特别傻，用布带绑得太紧加上每天的训练，绑着布带的地方都是青一块紫一块的，每天晚修我们就躲在教室里的小房间里跷起二郎腿卷起裤脚擦活络油。不知道体育部怎么安排比赛的，一百米短跑和五人六足的比赛时间差点儿冲突了。你在我们犹豫不决时咬咬牙参加了一百米短跑后又赶到了五人六足的比赛，皇天不负有心人，我们的五人六足拿到了全校第一还差点儿破了前几届的纪录。你一定不会知道当时我有多佩服你，看起来弱不禁风的你，居然还是一个风一样的女子。

我们迄今为止做过最疯狂的事莫过于两人趿拉着拖鞋在步行街逛了整整一下午结果空手而归。你说我们俩的回头率肯定是百分之百，路边的阿猫阿狗都会觉得我们是疯子。我觉得也是，不然我们怎么会拎个少女包包穿着拖鞋逛街呢？不然我们怎么会在离上晚修只有三个小时的时间还去隔壁区逛街逛得脚酸痛，到最后我经历了我人生第一次挤公交，整个人差点儿在车门那被挤下去呢？我当时就发誓：我以后再也不跟你去逛街了！

那个时候是多事之秋吗？我们家里几乎都发生同样的事。你说你外婆病得很严重住院了，你哭我安慰你，我说我外婆不小心摔了一跤现在只能躺在床上再也下不了床了，我哭你安慰我。我们真的很奇怪啊，不是你哭就是我哭。喂，我们都见过彼此最丑的模样了，你说该怎么办？

后来高二分班了之后，你选了文，在四楼；我选了理，在五楼。我一直担心我们会因为距离就渐渐远离彼此，最终与别人一样重新退回到陌生人的位置。

分班之后，我们还是会约在一起吃饭，然后说说今天班里上课的时候谁干吗干吗了，哪个老师又怎么了。你说这样挺好的，至少我们还在一起勾肩搭背，调戏小正太。

今年年例（本地一个很重要的节日）的时候你来我家做客，我们在村里某家的油菜花地里照相，你很缺德地摘了一朵油菜花插在头上。我忽然想起如花不似玉的你对得起你王舒瑜这个名吗你？

前段时间你过十八岁的生日，我很矫情地把这两年我手机里关于你的相片都洗出来，然后放在一个相册里送给你，奈何我囊中羞涩，洗出来相片不多。我不会告诉你这一招我是从某部肥皂剧的男主泡妞高招里学的，因为我怕你一冲动会以身相许。

其实你也一定感觉出来了，有时候我们的关系忽冷忽热的。不知从何时开始，你跟一个男生特别好，好到你们班女生都在背后议论你们的关系匪浅，我选择了相信你说的他只是你哥（认的），但我发现我们之间似乎有什么变味了。我们单独在一起的时候居然变得没有话题聊，死寂般的气氛又怎么适合我们两个话痨女汉子？我感觉，那段时间我们会因为距离而遗失彼此。但庆幸的是，高三的学子高考后，学校将文理的尖子班都编在了同一层楼，而我跟你的距离就只剩一墙之隔，还好我们又重新回到了"亲爱的跟我去WC"的时光。

但是王舒瑜！听说你最近经常莫名其妙地哭，重点是在你哭的时候你都没让我知道，都是事后晴过来问我："你知道舒干吗又哭了吗？"你说，你以后再这样子无缘无故地哭还不让我知道，你对得起我凌晨1点与感冒君搏斗就为了给你码这篇文吗？还有，对不起，在你难过的时候我没有陪在你身边。

一开始我还担心写不了八百字成不了一篇文，没想到一回忆就跟吃了炫迈似的，根本停不下来。

现在是7月14日凌晨1点多，离你要我给你写文过了十五个小时。写这篇文我花了两个小时四分钟，手机电量降了一大半，看来写你真的是一件费时费力又费电的事。但是妞儿，闺密一声大过天，你要是有幸能看到这篇文，不要太感动到以身相许，直接给我一个大大的拥抱就够了。

掐指一算，这篇文如果能上的话应该会赶在我生日之前就出锅，是个不错的生日礼物。妞儿，应该是你写给我才对啊！

仅此而已

第 二

1

你自觉自己长得还算顺眼，可是……你身边总有那么一个人，一出场就可以秒杀全场；

你自觉你的成绩还算不赖，可是……你身边总有那么一个人，稳坐榜单前排；

你自觉你人缘还算凑合，可是……你身边总有那么一个人，可以让一群朋友围着她转。

你笑。所以呢？这和你有什么关系，你完全可以无视的呀。

可是，老天啊，你为什么要让这些气死人的美好品质都体现在一个人身上？

好吧，默念了一百遍《莫生气》的你把这一切都忽略不计。

你想啊，这样神级的人物咱比不起至少还躲得起。

可是，什么叫福无双至，什么叫祸不单行啊。

想躲？没门儿！

下一秒，老班就把这位不食人间烟火的仙子调到了你的旁边。从此，你就拥有了一个人人艳羡的好同桌。

065

男孩子是拿来疼的

晴天霹雳啊！

可你偏偏没带避雷针。

2

终于，你有幸近距离地领略了什么叫大神的魅力。

全班第一的那个男生每天为她送上一套自制的精品试题，让她本来就很优异的成绩更加突飞猛进；

每节下课都会有一群本班的、外班的朋友来找她聊天，直到你都不好意思再在自己的座位上坐下去，不得不出去假装透气；

她生日那天，收到的礼物要几个人一起帮她搬，才能一次性全部带回家去。

看着她那满得快溢出来的幸福，你突然觉得心头有点儿酸酸的。

羡慕嫉妒恨？

好像不是。或许，你只是有点儿失落吧。

这些价格不菲的礼品让你想起了你送她的那条手链。那条蓝色带子上镶着水晶钻的手链。

和这些上百元的泰迪熊、巧克力相比，手链还真是个廉价的东西。

一瞬间，你有一点儿想哭。

你把手链送给她已经一个月了，可是，她一次都没戴过。

而且，你从没告诉过她，那条手链是你最喜欢的东西。

最——喜——欢！

你为它攒了半年的零花钱，到头来却把它送给你"最好的朋友"。

最好的，朋友。

3

最好？你还在相信啊？傻瓜！

傻瓜。傻瓜。傻瓜。

没错，就是那次。你在班里突然胃疼得厉害，死命地趴在桌子上，心里想着自己就算疼死了也不会有人注意的吧？

可是，老天，为什么在你最无助的时候是她出现了？

她问："你还好吗？"

你没吱声，只是盯着她皱在一起的眉头。

"你不舒服要说啊。别人只是我的玩伴，你可是我最好的朋友！"

瞳孔立刻放大，你觉得好像有什么东西就这么击中了你的心脏，让你无法抗拒。

最——好——的——朋——友！你在心里一遍又一遍地默念。

胃，好像也不那么疼了。

067

4

傻瓜。你还真是个傻瓜。

她只用了三句话，就收服了你一整颗心。

如果你不是亲眼看见、亲耳听到她对另一个哭泣的女孩儿说一模一样的话，你是不是到现在也不肯相信那只是她惯用的外交辞令？

难道你真的不知道，在她眼中，她的"最好"就像你送的手链一样廉价吗？

5

你真的不知道。

所以，当她和别人冷战时你才会那样慌张。你不顾一切地去找那个人，替她解释，替她道歉。

你知道高贵如公主一般是不会向别人服软的，但你觉得你作为她最好的朋友就应该为她做点儿事情。

于是你就做了，义无反顾地去做了，直到她们和好。你站在一旁安静地笑，连她根本没有向你说声"谢谢"都没注意到。

你还真的不是一般的傻。

6

不过，现在你不会了。

太多太多的细枝末节终于让你死了心。你开始恢复成那个有些刁蛮又有些冷漠的你。然后，毫不意外地，他出现了。

那个笑起来有着浅浅的酒窝的男生，绝对正品的帅哥。他居然主动跟你搭讪！

你诧异。你貌不惊人，名不远扬，他怎么会注意到你？

可是，你毕竟还是聪明的，仅用了三秒钟，就推理出了正确答案。你开始在心中计时。果不其然，在你数到一百七十三时，他终于扯到了正题上。

"你是她同桌，那么，你一定知道她喜欢什么喽？"

你挑眉，调侃的意味涌了上来，"居心不良啊？"

他显然有些尴尬，干笑了两声，坦白："我只是想在圣诞节送她一份称心如意的礼物。"

好，他干脆，你更干脆："不知道，我只知道巧克力就免了吧，她的书桌已经塞不下了。"

说完，你转身就走，无视从背后追来的那句"你这人怎么这样啊，你就是嫉妒"。

嫉妒？好哇，你觉得是就是呗。

现在，面对各种明的暗的殷勤、嘲弄，你早就可以笑得云淡风轻了。

不是成熟了，只是想通了。

<h1 style="text-align:center">7</h1>

你看透的不是别人，正是你自己。

你在乎她，其实，也是有私心的。因为你渴望，你渴望有一天能和她比肩而立，接受同样的欢乐与祝福，分享同样的关怀和呵护。

但是不一样，就真的不一样。你与她有着太多太多的不同，就像水和乳，完全是两个世界的产物。

那么，水和乳又何必交融？

她是她高贵的乳，你做你单纯的水。

仅此而已。

不好吗？

七十分先生的自我传奇

　　我要成为的是经久流传的传奇，不是这种茶余饭后的笑话！我要的也不是名气，只是一段属于我的大事件，以后上大学了，工作了，出现句首发词语"想当年"时，我能有些特别的回忆。可惜，事与愿违。

　　你们永远都理解不了一个七十分先生的内心世界，不优秀也不顽劣，路遇曾经的老师大喊老师好，人家半天都想不起你的名字。优秀的学生以后是要搞科研的，顽劣的学生以后也可能会当老板的，我呢？

像只狗那样倔强地活着

江南苑

程小三从驾校回来，总是不厌其烦地跟我讲那只瘦狗的事。好吧，街道上流浪狗那么多，我为什么要对那只瘦狗感兴趣？

直到有一天连程小三都拿着我们啃完的骨头放进冰箱，说是明天要给瘦狗带去，我才有点儿明白这只狗的与众不同。

第一次程小三提到它时是这样描述的。

她说："我们驾校有一只狗瘦弱得跟几根火柴扎成似的，那四根细腿根本支撑不住它自己的小身板儿，它都是走两步然后趴那儿歇歇，走时那四根腿还撇成个八字。"

我说："你们驾校都没有一个有爱心的给它喂点儿东西吃？难道眼睁睁看它饿死？"

程小三说："怎么没有，驾校老板家的剩饭全倒给它了，就天天跟我一块儿那女孩儿拿个苹果还先喂它呢。"

那为什么它还长成如此模样？我们两个甚是惆怅。

过几天，他们就发现瘦狗的秘密。

程小三气愤地跟我说："活该它瘦得走不动路，你不知道它有多可恶，只吃肉跟骨头，就是给个包子它都得把皮剥了只吃里面的肉馅，这么难伺候谁能把它养胖啊！"

我不禁觉得好笑，莫非这只狗出身高贵才如此挑剔？就算系出名门也可谓落地的凤凰不如鸡，丧家犬而已，何必如此执着？

我说你们都别理它，饿它几天就什么都吃了。

程小三说："你根本不懂它有多执着，那张脸上就写着八个字，宁为玉碎不为瓦全。老板娘都嫌弃得不想把剩饭倒给它了。"

原来此狗果真如此倔强。

程小三每天回来给我汇报那只狗的动态。比如它依然是走两步歇三步，比如它还是把包子皮吐出来留在树坑里，比如它无力地啃一根骨头还津津有味，还比如下雨天它会消失一整天让人以为它被冻死然后晴天后奇迹般地出现。

总之我对这只狗逐渐地肃然起敬，以至于我们家吃完肉我都不忘提醒程小三带上骨头。

一只固执地把肉和骨头当作活着的初级以及终极理想的狗能不让我有些许震撼吗？

所谓苟延残喘真的只是弱弱的姿态吗？它向我证明了绝对不是。

我们的聪明提点着自己要学会妥协。没有肉吃，剩菜也可以，没有剩菜残羹也行。有谁会保持那样一种倔强跟生命抗争呢？

瘦狗却华丽丽地给我上了一课，没有人因为它的偏执放弃它，至少现在它还拖着那羸弱的身体期待着每天会有肉跟骨头。它活着，已经证明它的执念没有错。

想起杂志上的一句话——时间会把我们的妄念一点儿一点儿地从心底抽走。不禁万分悲凉，是我们太过于精明，还是那只狗太过于愚钝？

我想，大抵是因为我们太过于精明，太过于算计生活。大多数人选择妥协以求得到更好的或者说更安稳的结果，可是谁又能确定所有倔强之后必是深渊呢？

不知道别人怎么样，反正我看到自己的状态是把自己的原则一退再退。因为总是有长者告诉我，不要幼稚，这样是不行的。然后我就开始小心翼翼地生活，忘记所有铤而走险的念头。

直到有一天我不会再坚持，我开始厌倦总是望而却步的自己。

我怀念那些坚毅的表情，那些不到黄河心不死的冲动，我也想倔强地只吃"肉"跟"骨头"。

庆幸自己还没有到被风沙蚀骨的地步，还有机会抖掉身上所有的束缚，有机会面对生活倔强一把。

我想，就像所有人都喜欢阿甘那样，谁都会对执着和坚持顶礼膜拜的。

和动漫恋爱的少女

介 流

坂田银时曾说过："如果我是神，就把青春期留在最后。"正值青春期的我，说实话并不知道所谓的青春有多么珍贵，直到被要求完成创新作文大赛的命题作文《××度青春》时，才开始琢磨起"青春"这两个字。

青春到底是什么？考试？学习？熬夜？恋爱？逃课？友情？梦想？……当然，在创新作文上有些东西肯定不敢写。于是我想在这里写一下，那些青春中不得不说的事情——恋爱。

生活在二次元中的少女，本对三次元没什么依恋，更何况自以为的本命都在二次元。更不可能对三次元的人类萌发所谓爱情的种子。于是秉着这里没有黑崎一护、没有冲田总悟、没有锥生零、没有越前龙马、没有鲁鲁修，只有一群不干净、不美型、就算卖萌也只会雷得让人掉一地鸡皮疙瘩的奇怪生物这样的信念，在三次元以不承认自己是人类的类似精神病的姿态存活了下来。

当然，这是我身患"中二病"的十三岁少女脑子进水时候的事情了。

长大了，才觉得三次元很美妙。其中的转变肯定不只是"中二病"痊愈与否这么简单的事情。最重要的是，在活生生的、触手可及的、不用穿越式做白日梦就能到达的三次元里，发现了爱。

075

男生们再也不是小时候看到的那样，没头没脑，没心没肺，又矮又笨，又野又疯，而是随着年龄的增长成长得棱角分明，高高瘦瘦，声音好听，笑容诱人。长得好看的甚至可以与二次元里的极品帅哥相媲美。于是乎小时候那些狭隘的想法荡然无存。多出来那些赤裸裸的爱，在另一个成长的引领下成为对男人与男人之间的友情钦佩的爱。以至于对"恋爱"这两个字有了更深刻的理解。

后来有人问我："你没有喜欢的男生吗？"

我一下子不知道怎么回答。"冲田总悟？黑崎一护？……我该说哪一个好？"

"我不是说动漫的，是现实，现实中的！"

我想了一下，"我好像不知道怎么爱一个人啊……"我弱弱地说。那个时候我才真正去想，对于青春，对于爱，我究竟是怎么看的。

青春是什么？我认为它是集考试、学习、熬夜、逃课、友情、梦想等等于一身的一段年华，而其中的主旋律，我想就是恋爱。

"真无聊。"我被狠狠鄙视了一顿。

他走了之后，我望着窗外摇曳的树叶，想象身穿死霸装拿着长刀的死神飘过，或者一个黑色的本子从天而降，又或者长得怪怪的妖怪冲我微笑。我下意识报之以笑容，思绪也因此回到现实。刚刚上扬的嘴角还定格在这一秒。我想，我才不无聊。我爱动漫，它给了我很多梦想，也给了我很多快乐。这也正是我考试、学习、熬夜等等最大的动力。动漫是我青春中重要的一部分。

所以此刻，在我的青春里，能与动漫相爱，我真心觉得很幸运很幸运。

转眼间，从初恋到热恋，我也已经从一个乳臭未干的"中二病"患者成长成正值花季的高中生了。然而面对今年6月的高考，我内心也依旧在迷茫。未来会怎样？梦想有多远？看着身边志同道合的同好在高考大敌当前之际慢慢地放下了曾经一起追逐的动漫，我莫名地伤感起来。都说爱要经得起考验，我也知道这个道理，但我对动漫的爱并不是盲目的。也正是因为有动漫的陪伴，我才能在孤灯夜战的学习中打起精神，才能在硝烟弥漫的考场得心应手，才能在前途未卜的路上大步迈进。

因此不管别人怎么看，我都会坚定我的选择。

你好，短发女生

蓝 岛

1

不行，再梳一次。

不行，左边蓬起来了。

还是不行，辫子的尾巴又翘了。

妈呀，来不及了！

十五分钟后我气喘吁吁地推开教室门。

"报告！"

全班的目光聚集到我身上，又索然无味地低下头或看向黑板。

数学老师面无表情地点点头，继续讲他的课。

我低头向座位走去，小心翼翼地瞥了一眼前桌李晓峰。他正在满是字迹的稿纸上飞快地演算着。

这已经不是我第一次迟到，同学们都习以为常，迟到的原因不是因为我赖床，而是我那干枯又不驯顺的头发。我之所以那么在意发型，是为了让李晓峰对我的印象好一点儿，或者他多跟我说几句话。

事实上，我搞砸了。迄今为止除了让他帮我捡过一次笔，我们再无任何交集。当我无意中听到他和别人谈话提到我的时候，他说：

"哦，那个老是迟到的女生啊。"我的心顿时就像被容嬷嬷狠狠地扎了一针。

2

那天晚上我辗转反侧，到凌晨1点多才睡着。

也是那天晚上，我做了一个很长很长的梦。

"寻声暗问弹者谁，琵琶声停欲语迟。"

一个短发女生盘腿坐在沙发上背课文。

这时天才蒙蒙亮，我借着昏暗的光看到墙上的时钟。

刚刚6点钟。

当时针指向7的时候，短发女生已经换好校服了。她抽出面巾纸，擦去嘴巴周围小绒毛上沾着的牛奶，用手捋了一下后脑勺和刘海儿就出门了，动作干净利索，以至于我都不敢相信那是和我有着同一面孔的人。

079

3

到学校的时候才7点15分，班里来的就两三个。

原来清早的校园是这样子的啊。安静得像寺院的禅房，仿佛可以听到檐牙上清脆的铃响。还有不知名的鸟在叽叽喳喳地唱着，微凉的风从指缝中流过。

短发女生坐在我的椅子上安静地写题，阳光偷偷地爬上她的前额。

陆陆续续有人来了。先是同桌，她跟短发女生打了招呼。

接着李晓峰来了。

"陶子。"

短发女生从书堆里抬起头，正好撞上了李晓峰的眼睛，那双满载星辉的眼睛。

"白痴啊！笑得那么傻！"李晓峰扫了她的短发。

"不然看到你要哭吗？"短发女生抛了两个纸团给他，却还是一脸掩抑不住的开心。

下课后李晓峰凑过来，指着语文书上鲁迅穿着的深V领毛衣的照片。

"看人家多么时尚！"

短发女生满不在意地瞥了一眼，然后……

顿时戳中笑点！

"哈哈哈哈……"

李晓峰一脸无奈地看着她像吃了炫迈一样，根本停不下来！

"疯子！"

"疯子，停下来！我要问你题啦！"

"哈……哈……"女生慢慢淡定下来，捂着肚子，"你这个祸害，差点儿没笑死姐姐。"

"呃。"李晓峰满脸无奈，"看这道题。"他指着练习册上画得像鸟巢一样的函数图像。短发女生歪着头看，眉头微微皱起，然后拿起笔，在纸上画呀算呀。李晓峰看着她，阳光洒在她的头发上，风一吹，好像一片金色的麦浪。

那一刻世界都安静下来了，李晓峰的眼睛里只有她。

4

下午放学后短发女生给李晓峰讲早上那道题。

"哎，你太牛了陶子。"

"那是。"短发女生得意地抖了抖头发，颇有雄禽的范儿。

"你开学的时候成绩一般啊，还老是迟到，剪了头发之后成绩一路狂飙，是不是这头发有魔力啊。"说完双手把女生的短发揉成一个鸡窝。

短发女生看着李晓峰嘴角尖尖的小虎牙，那双藏着星星的眼睛，感觉心中有一只打了鸡血的小鹿四处乱撞，撞得鼻青眼肿头破血流。

"还不都是因为你。"她小声呢喃着。

"什么？"

"没有啦，你还不回家？"

"要啊，一起走？"

"呃……不用了，我待会儿再走。"

"好吧，我走了，拜！"

听见李晓峰的脚步声淡去，短发女生起身跑出教室，靠在栏杆上，目送李晓峰。直到李晓峰走出校门，她才不舍地把目光收回，进教室收拾书包。

5

夕阳像被捏碎的朱砂洒落在天边。还没变黑的东边已经挂上了一颗明亮的星星。

短发女生推着单车走在河岸边，低头踢着小石子。

风把她的白T恤吹得鼓鼓的。

"小黑！"

她在公园的长椅旁停下来，弯着腰叫着。

一只猫从草丛中钻出来，在短发女生的脚边蹭啊蹭。

"小黑我来啦。"她坐到长椅上，从书包里拿出牛肉干倒在手上。

"来吃吧。"小黑猫轻盈地跳上长椅，再钻到短发女生的怀中。从她手中咬起一块牛肉干。

女生用另一只手搭在小黑猫的头上，顺着脊背的毛发轻轻地抚摸着。

"小黑啊，他今天又来问我题了，好开心啊。我的努力不是没有用的，我能感觉到自己正在一点儿一点儿向着他靠近，"她抬头望向东边，"那个像星星一样的人。"

女生的目光温柔闪烁，风轻轻地拂起她的短发，那么美。

6

那天晚上女生一直研究练习题到11点。

她打了个哈欠，看着镜子中的自己，还是那张不精致的脸。

从抽屉中拿出上面印着一只长颈鹿的日记本，写道：

"我想，喜欢你应该就是连你最猥琐的样子都能让我小鹿乱撞吧。

"从不敢看你到可以死死盯着你。

"从跟你说话小心翼翼到可以随便损你。

"我会一天比一天努力，变得更优秀。

"一天比一天更靠近你。

"等到有一天我变成跟你一样明亮的星星了，我就可以去拥抱你了。"

合上日记本，关掉灯，甜甜地进入梦乡。

7

"妈，我要去剪头发了啊。"

与手机一同消逝的美好青春

廖启友

今天，因为一点儿小事把手机拿去教室。于是，毫无例外地，我把自己的两节自习课外加下午放学后的一个多钟头的时间都贡献给了它。

感觉有一股无穷大的内疚感从四面八方向我汹涌袭来，不同方向的内疚感的冲击形成了一个大旋涡，而我站在了旋涡的中心，只觉头昏脑涨。此时，我看到的满满的都是迷茫、愧疚、懊悔、无奈。

对一名成绩超级烂却还抱着冲击重点大学分数线野心的高三学生来说，时间何其宝贵，我心知肚明。但是，无数人的无数实践证明，习惯是一种力量，而且这种力量偏爱坏的方面。越是坏的习惯，其中所蕴含的杀伤力就越大。我知道我不应该再像过去的七百多个日日夜夜一样，两手捧着手机，指尖在小小的精致键盘上无情无义地敲击我的青春岁月，两眼空洞无神地盯着屏幕。但是，要抵制手机的诱惑，实在不是一件容易的事，为此我曾多次下过决心，却无法用行动来落实。

我不曾承认我是懦夫，但是在这件事情上，却输得一败涂地。心不服、口不服，却又无可奈何。

想起在某杂志上看过一篇名为《手机狗》的讽刺文章，文中对人们日益依赖手机的现象做出了极具深度的批评。当时直叹作者世外高人，对现实生活能够保持着一定的距离，从而能够看清其优劣，写出如此脍炙人口的文章。

可是如今细想后发觉，其实不然。作者本身或许就是其笔下的一只"手机狗"，只是某日突然梦中惊醒，被内疚充斥，为了寻找出口写下这样的一篇文章。当然，我现在也是这样的心态，所以我只好承认我也是一只"手机狗"。

手机的创始者最初只是为了"通音"，继他之后的又一聪明者又为其添加了"通信"，再后者则更具创新意识为其添加了网络功能。于是，手机与手机之间就形成了一张天罗地网，而我们普普通通的人则成了"网中之鱼"。当然，也会有着不少漏网之鱼，可惜我不在其中。于是，不得不承认，我又成了一条"手机鱼"。

我是高一才开始拥有一部属于自己的、可以上网聊天逛网站的手机。但是如今随处可见的却是那些初中生甚至小学生捧着个手机像捧着全世界一样，小心翼翼地用两只小手乐此不疲地按着键盘。

我不禁后怕，要是我再迟出生十几年，说不定在上幼儿园时就在脖子上挂着登着QQ的手机，随时随地就找个地方坐下来享受手机乐趣了呢！

唉，可恶的手机呀，我到底该以何种心态来面对你呢？

或许，是时候开始我的戒机生涯了。

烽 火 少 年

骆 阳

高一最后一天，班上学年第一的女生和她同桌吵了起来，原因是过度兴奋的同桌影响到她学习了。事实上除了她，我们都在过度兴奋，包括我这个成绩稍好一点儿的，期末考试之后再也没有背过单词记过地形做过数学题，也就是有一次班主任在上面盯着我们，我才肯拿出语文书，文言文没背下来，书上倒被我画上了一坨奇怪的东西。

争吵愈演愈烈，学年第一同桌的好姐妹上来一起攻击学年第一："你学习好了不起啊！全班那么多说话的你为什么就不找他们吵架啊！专挑好欺负的啊！"这时我同桌说了句："学习好的都这样。"听到同桌的话，心里不是个滋味，什么叫"学习好的都这样"？学习好的都哪样了？可接着我还是向争吵的地方喊了句："行了！马上放假了要学回家学去。"

其实，我是觉得本来就是我们不对，打扰了学年第一的学习，而且还是上课时间，就不要那么理直气壮了，可是班级里不学习的太多了，我得搞好人际关系，所以就表面上反对学年第一。

又过了两节课，往常的中午放学铃此时自动变为放假铃。我们冲出教学楼冲回寝室打包行李。穿了好几天没洗的袜子和画满涂鸦的校服被我们随便扔进皮箱，冲出学校。

由于公交车太少人太多挤不上去，临近放假我们手里的钱更是少之又少不舍得打车，所以只好拉着皮箱和几个小伙伴在雨中跋涉。

跋涉到客运站真的像取经一样。我一边把沉重的皮箱往客运站的台阶上抬，一边怀疑自己假期时皮箱里的课本会不会一动不动。正当这时我抬起头看到景黎。"嘿，就你自己吗？"由于我们刚闹掰我支支吾吾的。"没有，××和××去那边买票了。"他淡淡地说。然后我匆忙地走开。

在客车上坐下来时外边的雨又大了一些。我死死盯着刚才我们碰面的地方，希望还能看到景黎。我还幻想，这时他突然出现在我的身旁说"我去你们那儿看看姥姥"，这样我们就可以同坐在一辆车上，这样我就能有时间向他道歉了。虽然我还不知道上次的矛盾到底是我们谁的错，我也不想计较，总之我真的是不想失去他。

记得高一上半学期结束分文理科，我被分到二班。一天晚上，我由于刚来不熟就在座位上默默地听着音乐背单词，他们原班的人在我旁边玩三国杀，景黎也在。我其实也很想加入可是不好意思说。玩着玩着突然有主任来检查，景黎迅速地把纸牌收起来端正坐好。主任走后，他们没心情再玩了就都散了。景黎没走，对我说："听什么呢？这么认真！"我把一个耳机摘下来看看他，问："听不听？"他把耳机接过来，这会儿播放的是我最喜欢的蔡健雅的《陌生人》。我说："怎么样？"他摇摇头说："不怎么样。"从那时起，我们就成了好朋友。

车窗外的雨又大了，我彻底地看不清候车室了。夹杂着雨水的风吹开了树叶的背面，露出鱼肚白。我把歌曲调到了《陌生人》，伴随着雨声，每一句歌词都那么扎人，真像景黎说的，这首歌不好。

回到家的时候，碰到贾季森。他坐在自行车旁边丢石子。我问他怎么了。他说他爸妈离婚了。我也没太意外，对他说："你也别太伤心，他们不一直在闹离婚吗！"他又丢了一颗石子，"嗯，我不伤心，伤个屁心，就他们那样，不值。"

季森原来在初中和我是同班同学，他就坐在我的后面。去年我们村里七个考生就我们俩没考上实验高中，我差三分，他差五分，我去了二中，他选择了复读。今年中考，他又没考上，而且还差了二十多分。我跟他说："去二中吧！到那儿好好学也一样。"他跟我说："不去，我打算去打工了。"我听到他的话一下就急了："不行！打工？当服务员？赶快去二中吧！二中不错！"

季森站起身来说："别管我了，现在我爸妈都不管我了。我倒是希望你现在好好努力，将来多考几分，好让村里人看看不上实验也照样很牛。"说完他就回家了。

几天后，他真的走了。没有告诉我。我坚信，他不是没拿我当朋友，而是怕我会啰啰唆唆地阻拦他。

我总觉得，这个假期，是我最糟糕的假期。有的时候早上起来就一直奇怪为什么季森还不来找我玩，有的时候发现了一部好看的电视剧便随便地穿上一双鞋子冲出家门找他一起看，跑到一半才想起季森已经走了。短信里景黎也不给我回几个字，我也始终没给他打电话。除了写写作业，就是和QQ上亮着头像的那几个人有一搭没一搭地聊天，内容无非就那些："在？""嗯。""干吗呢？""看电影。你呢？"

我始终习惯不了假期里没有季森陪着一起颓废，也始终没有习惯景黎的冷眼相对。

这个黄昏，我坐在屋檐下。头顶上的火烧云一层层地铺在天空上，它就好像……就好像战场上的烽火，渲染了一整片天空，让天空也红得惨烈。

我也不清楚我为什么要这么形容。

一阵薄薄的风吹过来，吹过我的头发，吹过我身旁的杨树。我还在想着为什么景黎就突然很讨厌我了，季森找到了什么工作忙得连个电话都没时间打，眼泪就毫无声息地掉了下来。

这时候，我感觉我就像是一个站在烽火旁等待冲锋的少年，说不定下一秒就要跟所有我爱的朋友和十七岁的纯真告别，说不定下一秒所有的所有都会改变。

最美的愿望

孟卓钺

没人懂得，烟花绽放后化作的尘埃是怎样的温暖，它为了一刹那的美丽宁可一地破碎，留下冰冷的幻象。如果你为它的昙花一现觉得哀伤，可以为它悼念，却无法改变它为此付出的努力和执着。我今生今世最美的愿望，就是能够像烟花一样有一次勇敢的坚持和绽放。

我不是一个能够持之以恒的人，这并不是说我本身的毅力不够，而是说我即使能够坚持，愿意坚持，而且能够不计后果，却总有人在背后提醒着我，坚持没有意义必须放弃。最后只得无功而返，半途而废。

那一年发生了什么我记得十分清楚，我深深地爱上了写作。大抵十岁的样子，便走上了小说创作的"不归路"，在众人的赞叹、惊讶与质疑中踌躇前行。

我是真的喜欢把小小的文字整齐地排在一起，爱极了自己笔锋下流转的那些人物，仿佛他们中的主角就是在横格纸上的自己。我们惺惺相惜，能看到彼此，感觉到彼此，触摸到彼此的内心。唯一的隔阂，只有那一张薄薄横格纸的距离。

就这样，我们互相鼓励，互相倾诉，在纸上携手并进走过了两年的时光。对于这事情，母亲一直是睁一只眼闭一只眼的态度，我以为她是支持的，毕竟我的文集是通过她的双手敲打键盘，整理设计，装订成册，而后华丽丽地展现在我的眼前。

直到我跨入初中的大门不到两个月的时间，母亲愤怒地将我的小说撕扯成碎片，我才认真地想揣摩母亲的心思。那天我哭了很久，不知道母亲这么做到底是为了什么。坚持着，有着自己的执着，能够一直做自己喜欢的并且有意义的事情，不是很好吗？为什么要阻止，为什么要毁坏，为什么要反对？

我大吼："为什么要这么做！我第一次能做一件自己喜欢的事情，做了这么久！为什么不支持我？"母亲双臂交叉在胸前，一副威严的样子，毫不示弱地对我说："你看看这次月考的数学成绩，竟然能到这副模样，肯定与写这些乱七八糟的文字逃不了干系。写写写，一天就知道写，坚持下去有什么用？浪费学习时间成绩只会更差。"

我抽噎着说不出话。

她根本没有罢休的意思："我之前同意你写这些，只是因为小升初或许能用得上。你到现在还写这些东西，占用那么多时间，就应该考虑到今天的后果。在上初中之前就应该点到为止，半途而废也得废。"

那一刻我暗暗发誓，我一定要有一次属于自己的坚持，勇敢的坚持，永远的坚持。无论是写作还是什么，我要让母亲看看我坚持的事情一定会有一个完美的结果。

想到这，我突然感到自己正像元夜时空中盛放的烟花，坚持着要在夜空中显露自己的美好，宁愿最后寥落满地。谁能体会飘落的尘埃划过长空后依然有微暖的触感？

没人能体会。

尽管如此，我还是拥有一个最美的愿望，能够像烟花般勇敢地坚持，因为只有我能感受到绽放烟花的刹那，在人心中形成的永恒。

那个最冷的冬天

石海燕

职高的第三年，学校和许多大型企业签订了学生实习合同，我被推荐到一个单位。当我拿着体检表走出医院大门的时候眼泪忍不住掉下来。掏出手机打电话给妈妈，泣不成声地从嘴里挤出几个字："妈，我不能去上班了。"妈妈沉默了一会儿，然后电话那头传来她相当冷静的声音："雯雯，不着急，先回家吧。"早前因为害怕影响我的情绪，家里一直没敢跟我说，我是遗传性的乙肝病毒携带者。

待在家里我最怕的就是亲戚朋友的到访，因为来客总是会问一句："雯雯不去学校也不去工作，天天就这么待在家里吗？"而我总是在他们问出这句话之后，冷着脸逃回自己的卧室，重重地甩手关门制造出巨大的声响以示内心的不满，身后有些什么闲言碎语，我是听不见的，只是自己的心总是久久不能平静。

那天晚上是入冬以来第一次大降温，爸爸出车回来时已经凌晨两点多，我在房间里听到妈妈起床穿着拖板鞋嗒嗒地去开门，听到爸爸轻声问妈妈"雯雯睡了没"，然后听到爸爸的脚步声越来越近，是朝着我房间的方向走来的。我连忙拿被子蒙住头假装睡着了。爸爸轻轻地打开我的房门，探进头喊了声："雯雯？"我没有回应他，自打从学校回来后我就一直失眠，爸爸妈妈越是关心我，我心里就越烦乱。"啊哦——啊哦——"门外传来狗的叫声，我用手紧紧地抓着被角，压低了呼吸。

妈妈对爸爸说："可能已经睡着了，你先过来吃点儿消炎药，明天早上再跟她说吧。"

我缓缓地转过头，从被子边的缝隙里望向门外，爸爸的脚底下放着一个纸箱，箱子里窝着一条黄灰色的土狗，它张着嘴巴探出头来不停地扭动着脖子看向四周。爸爸一只手扶着房门，另外一只手很不自然地垂着，像是受伤了。妈妈从爸爸脚底下把那个纸箱轻轻拖到一边，那条土狗又叫了两声。等他们轻轻地关好了门我才从被子里钻出来，蹑手蹑脚地下了床，光着脚丫小心翼翼地打开房门，从门缝里观察着。

那只土狗好像很不适应新环境，叫声尖锐，呜啊呜啊的，不像一般的狗那样汪汪地叫得干脆利落。大厅里，妈妈倒了一杯开水，拿消炎药让爸爸服下，然后扶着爸爸进了卧室。从他们的交谈中我得知这只土狗是爸爸捡回来的。当时爸爸拉着货行驶在三环，这只土狗先是在天桥边儿上嗅，然后又到了马路中间。爸爸断定这是一条流浪狗，最近捕狗的很多，一些流浪狗经常被人捉了加餐。在看到它的时候爸爸已经减慢了车速，但后边一辆车超车越过了爸爸的货车，土狗慌乱中蹿到了那辆车的底下。幸亏没被轧到，可是那辆车明显受到惊吓，来了一个急刹车，后面的爸爸便撞上了，手被碰伤，还好没什么大碍。后来爸爸才发现那条土狗怀着小狗，而且脚上有伤，应该是被人打的，所以行动不是很敏捷。

卧室里妈妈劝爸爸赶紧躺下休息，然后关了灯。土狗也不再乱叫，看着它似睡非睡的样子，我的心情很是奇怪。尽管它只是一条长得很难看的土狗，却也勾起了我心里的些许小颤动。我跑到厨房打开冰箱门，把头探进去找，看有没有什么东西可以给它吃，目光落在了一盒酸奶上，我拿出一个碗把酸奶倒出来放在它边上。它睁开眼看了看又嗅了嗅，就是不肯喝。我想它不喜欢酸奶吧。

突然爸爸妈妈的房间里传出了动静，我连忙跑过去看到底怎么了。妈妈见我进来着急地喊："雯雯，快去厨房拿点儿红糖来，你爸吃了那个消炎药有不良反应。快去快去……"我跟跟跄跄地跑到厨房，着急得竟忘了要开灯，摸着黑四处乱翻，把酱油瓶子也打翻了，每个橱柜都找遍了就是没有红糖。我一边跑回房里拿钱一边朝爸妈喊："家里没红糖了，我下楼去买，妈，你先给爸喝点儿水。"或许是我们的声响太大，惊得那条土狗跟着嚎起来。

下楼的时候忘记披件厚衣服，冷风吹得我打了几个寒战，跑到物业那里时我已经冷得牙齿打架了。门卫说那么晚了附近的店铺都关了门。我急得都快哭了，一下没了主意。门卫连忙跑进屋里拿了一袋白糖给我："你看这个行吗？赶紧拿上去，实在不行打120。"我抓起白糖连声谢谢都没来得及说就飞快地跑了回去。

妈妈喂爸爸喝了几大杯浓稠的白糖水，爸爸才缓过来。我拖着沉重的步子走出他们的房间，客厅里的土狗已经睡下了，我蹲在纸箱子旁看着它有规律的呼吸。它全然不觉我的存在，就那么安静地睡着。在这么安静的夜里，虽然感觉到冬天一丝丝的寒意，但是似乎一切都还好。

爸爸的手没几天就消肿了，妈妈每天炖猪手汤给他喝。土狗每天都有骨头啃，比起刚到我家的时候长得漂亮多了。后来班主任把我安排到升学班里准备升学考试。这年的冬天来得特别早，白天短黑夜长而且特别冷，天没亮就赶着公交车去上学，下午放学回到家里时天已经完全黑了。那条土狗学会了每天趴在门口等我回家，有时候我路上买些烤红薯回来后就丢点儿红薯皮给它吃，它很喜欢。

没多久它生了四只小狗，每天都带着狗崽们窝在阳台上晒太阳。冬天的暖阳最舒服惬意了，看着它们一家相亲相爱的样子，我的心里也变得安然了许多。我们都会遇到很多挫折，却又会带着仅有的幸运继续好好地生活。狗崽们半夜经常会"吱吱呀呀"地叫，爸爸跑夜车回来总是睡不好，爸爸说等狗崽大一些后就把它们送人。我心里想着到时候可以把它们一家五口送给乡下的奶奶养着，我空了就回去看它们。

我记得那一天是冬至，早上出门的时候，妈妈叫我早点儿回来，晚上家里煮火锅，叫上表叔一家热闹热闹。放学后我就裹着防寒服挤上了公交车，在小区门外买了一个很大的烤红薯。那几条小狗崽在阳台上，爸爸害怕冬天太冷专门给它们做了一个木箱，我揭开纸皮看到木箱里的它们正互相依偎着睡觉。爸爸妈妈都不在，表叔一家也没来，是不是家里发生什么事了？心一下子就勒紧了，赶紧拨通了妈妈的电话，那边传来了嘈杂的声音："狗妈妈中午出去，一直到下午都没回来，平时它出去遛一圈或是到小区花园里撒一泡尿十分钟也就回家了。看天快黑了它还没回来就出门去找，结果到现在都没找到。"

那天，家里没有煮火锅，而是一家人在外边找狗妈妈。冬天的风吹到脸上硬生生地干疼，我被吹得眼泪都快流出来了，我把风衣帽子戴到头上，拉锁一直拉到了嘴巴处，看到路人就问有没有看到一条土狗。妈妈拉着我回家的时候，我一把拽下风衣帽子大哭起来："我不回去，我要再找找看！"爸爸也过来拉我，说："雯雯，回去吧，估计是被喜欢它的人拐走了。我跟门卫说了，看到它回来就给我拴着。"妈妈又说："是啊，它不在我们家也会被其他家收养的，反正小狗崽喂点儿稀饭等大一点儿也是要送人的。"

回去的路上，我低着头一句话也不说。其实爸爸妈妈那样说是安慰我，我知道今天是冬至，在我们这儿算是一个大节日，这一带打狗的特别多，狗妈妈到现在都没回来一定凶多吉少，可能已经被宰变成了餐桌上的狗肉锅了。想到这些我心里就特别难受，它还在喂奶，那么明显是一条刚生完崽不久的母狗，那些人怎么下得了手呢？

自从冬至那天土狗走失，我就再也没见过它。刚开始那几天，我还抱着侥幸的心理每天都盼着，心想会不会过几天它就自己跑回来了呢，邻居方阿姨家里的猫咪就是走失三天后自己跑回来的。可时间晃晃悠悠地走着，那几条狗崽在妈妈丢了后就开始吃切碎熬烂的猪肝粥，也在一天天地长大，每次看到它们我都会想起那条土狗。可是它们比我坚强，很快就忘记了伤痛，拼了命一样去成长。

或许爸爸说得没错，今年的冬天没有想象中那么漫长，狗崽们可以活蹦乱跳地抢骨头的时候，这个城市已经开始逐渐升温了。我和爸爸在一个阳光很好的春天，把它们送到了乡下奶奶家。生活又回到了最初的状态，我们每一次难过伤心的哭泣都是在最寒冷的时候，可是我记住了爸爸的话：今年的冬天虽然寒冷，但是很快就会过去！

现在回想起来，许多事已经不像当年那样痛心了，只记得，那是那一年最冷的一天。而我不敢去直视的伤痛终究还是被我倔强地埋在了心底，然后拼了命地去成长。

成长是最神奇的魔法

苏蓝羽

十八岁的我窝在电脑前写信，收信人是十七岁的你。

十七岁的你，在成绩单上永远是倒退队伍的一员。你说，这是老师的错，这是妈妈的错，这是爷爷的错。

不喜欢老师的男孩儿性格，不喜欢她对男生的偏爱，不喜欢她外表像个太阳目光却从来没有落到你身上。

因为对自己中考成绩很失望，所以一蹶不振，所以花费整个暑假的时间看漫画，不肯出门一步。妈妈对你说，出去走走吧！你却戴上耳机跟着音乐哼歌，心里说，她怎么那么烦！

不可理喻、迂腐永远是你印象中爷爷的代名词。

爷爷说，上高二就不要再去画室，专心考大学。你握着的2B笔在纸上微微颤动，刚开始便要在一年的期限里放弃，想反驳也找不到合适的武器，你只能冷冷地说"哦"。心里的埋怨和厌恶向你的大脑肆虐，像海啸轰的一声砸碎你的忍耐。你和爷爷吵架，不管是对是错，你总拽着叛逆面对他。

中考没考上重点高中，哥哥却考上了大学，妈妈对邻居提起哥哥总是面带喜色，提起你眉头却皱成"川"字。你讨厌这样的差别，讨厌妈妈总把苦水倒给你，电话里却对哥说不要担心，她很好。你把所谓的关心所谓的善意忽略，沉溺在漫画里架空的世界，幻想谁与谁相爱、谁和谁兵戈相向。

不能画画了，不能画画了，上课时脑内总重复着这些话，恍惚中一天又过去了。生活像摊死水，固守着过去与未来的界线。你的高一，平淡无味，原本设想着学画和考进前十名，想着只要努力即使天赋差也能做自己想做的事。是的，这些全都消失了，没有成真的设想，不知何时消失了。

十八岁时你上了高二，成绩不再倒退，每次考试前十名总有你一席之地。你说，你遇见了可爱的老政和老历，你觉得妈妈很辛苦，你常常想起声音粗大的爷爷。

爷爷去广州之前对你说："我这是老毛病了，治治就好了。"可是爸爸在医院已经差不多两个月了，还没发给你出院的消息。每周一次的电话问候，爷爷总是夸赞你有孝心，声音透着一股植物即将死去的气息，一年前喜欢唠家常的大嗓门儿消失了。

妈妈喜欢在睡觉前跟你讲今天厂里的事，开心的、不开心的，统统塞进你容量不大的脑袋。你觉得烦，但你很平静地说："妈，我要记单词，不要讲这些有的没的。"可当你一个人对着空荡荡的房间时，你突然很想念妈妈，很想知道妈妈现在是开心还是难过，你在电话里刚想问，电话线那一头就传来"你早点儿睡，我还要擦地"的声音，嘟嘟声横亘在你和她各自的忙碌之间。

老政操着一口混杂了潮州话的普通话，话里话外是他的黑历史，在你大笑时却发现自己未必做得到他那般坦然，如果连续考了三次大学都没考上，如果整天被学生气，恐怕你早跳了东门河，寻解脱去了。

高一毫无起色的历史，到高二还是没变化。当你想起老历面无表情好像不关自己事似的讲的笑话，你会发现其实李长歌在十二岁时就死了，根本没有后来的"关山万里路"。唏嘘不已的同时又忍不住想象她也许真的活着，也许像CC活过上千年的岁月，如今在世界的某个地方继续她的万里路。

十八岁的我，找到了继续讲故事的方法，找到了和最初的梦想并行的未来。很幸运的是，我还能透过笔尖讲梦见的罗卡路王国，还能继续画漫画，还能一点儿一点儿努力。

今天是11月23日，我写着很平常的事，没有用本子里的华丽辞藻，只是想像夏达一样写一些回忆，讲给藏在心里一年前的自己，想告诉她，未来很美好，请不要对十八岁失去期待的心情。

如果十七岁的你问我为什么我的一切变得那么美好，我会回答：成长是最神奇的魔法。

七十分先生的自我传奇

亚小诗

想到我的高中时代还有两个月就要完结了，我开始焦躁不安，倒不是担心高考和升学，毕竟作为不冒尖一分子，我对自己稳定的成绩是不抱有侥幸的。只是，我听着各种校园传奇长大，临近毕业却仍没有一段传奇与我有关，我为此感到沮丧。

可是，像我这样的普通人，校园中平凡到不行的七十分先生，想成为传奇，谈何容易。

我脑海中开始自动搜寻历届的校园传奇人物：隔壁理科班有个胖子魔方玩得一级棒，再复杂的都能十秒内复原，他手特别快，魔方在他手里就像个烫手的红薯般翻滚；校长的女儿人长得漂亮成绩又好，是公认的沈佳宜，可惜我话都没跟她说过；有个富二代哥们儿天天骑赛车摩托来上学，摩托声响和上课铃声常常交相辉映，虽然那哥们儿长得还不如我，但名声大噪校内外……

思前想后，要在校园里有传奇无非就是以下因素：成绩好、长相好、家境好、有特长，可惜，这些我都沾不上边儿。到底该怎么办？又不想通过低俗的调皮捣蛋恶作剧来扬臭名，更不想撒谎编造有的没的鬼神离奇来装半仙。

放学后，为了错峰坐公交车，我没头绪地来到校内最高的教学楼闲逛。之所以说闲逛，是因为这栋楼建筑复杂，每一层都有五处楼梯，像迷宫一样，没有常驻班级，只有一些实践课的教室、机房、阅览室、实验室啊什么的，都是一周才上一节的课。我喜欢来这里闲逛的原因是，可以走单调但是不重复的路来思考事情，并且不怕迎头撞上人。

我随心所欲地上着楼，每上一层楼换一个楼梯，路过教室的时候，就随便看看里面，走到机房外，忍不住停下了脚步。机房的防盗窗边缘破损了一根栏杆，形成一个不小的缝隙，如我般瘦的人是可以钻进去的。估计是哪个调皮男生搞坏的吧，可以溜进去玩电脑。真是搞笑，这种不联网的机子有啥可玩的，顶多就是玩玩金山打字通里的那几个弱智游戏。

唉！这可让我想起一件事。学校的机子没网但是单机是共同连着的，有个已经毕业的学长，在金山打字通里的一个打字游戏创下了超高分，几年了，无人能破！那个打字游戏我也玩得还算可以，如果我能打破这个纪录，我肯定能成为一段传奇！

而要创造这个传奇，我必须使用学校的电脑，每周四十五分钟的电脑课，完成老师作业后，时间根本不够我来刷纪录。所以，这个防盗窗上的缝隙，是为我而开的！老师锁上了门，上帝却给我开了窗！哈哈，我乐呵呵地顺着缝钻进去了。

我选了一台角落里靠内侧的电脑，确保不会因为屏幕光吸引窗外经过的老师的视线。这款游戏叫星际大战，就是快速输入每台飞机上的字母以达到打下飞机的目的，又要避免被子弹袭击，没有时间限制，却有受伤次数的限制，游戏不难，并且枯燥，但为了破纪录，我必须要全神贯注！排行榜显示的是前九名的成绩，天都快黑了，我最好的一次才排第八，跟第一名有四倍的分差。为避免天色太暗，房间内发出的光引来巡逻的校工，我轻盈地钻出办公室回家了。

之后的每一天傍晚，我都以错峰坐公交在教室写作业为名，晚一个多小时回家，这并没有让母亲怀疑。我的游戏技艺也在渐渐提高，最好的一次成绩，已经能排到第二名了，虽然第二名跟第一名仍旧有很大的分差。

这一天傍晚，我依然在机房刷着游戏，天色并不黑，却因为我敲击键盘的声音过大，引来了校工！他在窗外看不到我的人，我被电脑遮住了。他对我喊："哪个班的？快出来！"我没有起身，继续大声敲击着键盘，这一盘情况很好，有破纪录的趋势，什么都不能影响我，我继续专注地游戏着，无论窗外怎么喊。此时校工已经打开了门，朝我走来！我的手依然没有停，我知道自己已经创造奇迹了，现在要做的就是赶紧输入自己的名字，让所有学生知道这个英雄是我！在我正切换中文输入法时，校工已经大步流星地走过来，他伸手去关掉电脑的开关，我措手不及地按下了回车键，排行榜显示第一名是默认的"用户a"，然后屏幕黑了。

我被揪着离开了机房，放声大哭，哭得歇斯底里，校工被我的哭声吓到了，放开了我，他根本不会理解我为这一刻做了多少努力，而这一切都被他轻轻一按毁了，我哭着跑出校门，他并没有追上来。

隔天，神秘"用户a"打破尘封纪录的事传播开来，我跟同学说那个人是我，他们笑了，笑得近乎狰狞，说："你怎么不用真名，你再刷个试试？"如果我足够倔强，我想我会的，可是，我对这件事情，已经完全没有激情了，随它去吧。

"用户a"事件让我沮丧了好些天，在我快对成为传奇死心时，我捡到一个东西，这让我的希望之火又被点燃。

我捡到一封信，大概是传达室老师搬运信件时不小心遗落的，寄信人空白，收信人的名字是汤琪，大名鼎鼎的汤琪，校长千金啊，这个学校没人不知道。出于人道主义，我肯定要把信给她，但是，出于好奇，我又好想知道信里写的什么。我把信偷偷放进自己的书包，带回了家。

我端出一杯开水，把信的封口放在蒸汽上蒸了一小会儿，开口很容易就揭开了，还没有任何破损，我天生是当间谍的料。我打开信，走马观花地扫了一遍，哎哟，情书啊，想不到校外的男生也来掺和了，可惜，文笔太烂，别说女神，普通的女生都不会被这信打动。

我虽然成绩一般，文章倒是写得不错，高一的时候，老帮哥们儿写情书，让我同桌成功追到一个好姑娘。后来吧，我感觉自己情书写着写着对她有了点儿感觉，不舍得她被别人追走，就告诉她，情书其实是我写的，目的是她能弃暗投明选择我。谁知道最后鱼死网破，哥们儿也不理我了，姑娘也不理我了，他俩反倒感情更好。

读书以来，写过那么多情书，居然没有一封是为自己的。我决定了，我要给全校最优秀的女生汤琪写情书，天天写，要一篇比一篇写得好，我倒没有多喜欢她，只是为了证明自己的情书才华，最好的情书肯定要给全校最优秀的姑娘啊。再说，没准成了呢，女神的口味，没人知道的。

我没有扔掉那封捡来的情书，我需要它的存在，作为我文采的鲜明对比。从这一天晚上开始，我每天给汤琪写一封情书，洋洋洒洒两千多字，用尽了我毕生最美的辞藻，每天放学晚离开就为把信偷偷塞进她抽屉里。

一个礼拜过去了，一点儿消息也没有，她没有给我来电话和短信，这太不符合逻辑了。文采那么好，那么感人，如果我是女生，一定会像追美剧一样，看完一封想下一封。

十天过去了，还是没有消息！我按捺不住了。在走廊里，我堵住汤琪，"你收到我写给你的信了吗？"这是我第一次跟她说话。

她表情无辜地看着我，"收到了，还没看，怎么了？"

"为什么不看？"

"这种信我接多了，不用看就知道是什么内容。你倒是有耐心，天天写，我打算你能坚持满月就看。"

我无法忍受自己的心意和自尊被如此践踏，所谓的女神形象也被眼前这个傲慢又冷漠的丫头完全破灭。"你把信还给我，我不会再给你写了。"

"凭什么？你写给我的信，那就是我的东西！"

她的态度，让我觉得她何止冷漠，简直是让人厌恶。我没再理会她，径直走向她的教室，她的座位，把她的书桌推翻，所有的书都倒了出来。那些信果然还原封不动地躺着，我把信一封封捡起，头也没回地走了。

这件事果然让我出了名，第二天来上学，走在校园里总有人指指点点。来到教室，坐到位子上，有人便过来问："听说，你被女神拒绝一怒之下跑到她教室把她桌子都掀了？何必呢。想想也是必败的事情……"

"闭嘴！"

我要成为的是经久流传的传奇，不是这种茶余饭后的笑话！我要的也不是名气，只是一段属于我的大事件，以后上大学了，工作了，出现句首发词语"想当年"时，我能有些特别的回忆。可惜，事与愿违。

你们永远都理解不了一个七十分先生的内心世界，不优秀也不顽劣，路遇曾经的老师大喊老师好，人家半天都想不起你的名字。优秀的学生以后是要搞科研的，顽劣的学生以后也可能会当老板的，我呢？老老实实当小职员吧。

我不再奢望传奇，高考也如期而至。

铃响，起立，再见。

最后的最后，"有一个平凡的男生，为了让自己成为传奇而做了一堆傻事"这件事成了学校最新的传奇。

路不在脚下，在心里

　　每个平凡的人身后都有一段不平凡的往事，就原谅这个世界爱新鲜，把他们忘得太快吧。

　　人的生命就像一条路，有长有短，没有人能一眼看到尽头。

　　把弯路走直的人是聪明的，因为找到了捷径；把直路走弯的人是豁达的，因为可以多看几道风景。

　　路不在脚下，在心里。

父亲的荣光

曾 妮

我一直觉得自己有一双神奇的眼睛，透过它们，我可以看到父亲身上散发的光芒。

初见那光，大概是在我刚学会自己吃饭的时候。那时，父亲指着我，对享受着妈妈把食物送进嘴里的姐姐说："你看妹妹多能干啊！"我抬头看去，竟然看到有光在那指头上一闪一闪，是淡淡的、金黄色的光。我被吸引住了，盯着那闪烁的光芒笑了，父亲望着我也笑了。

那时的我，总喜欢迈着小小的步子去追父亲魁梧的背影。追上以后，父亲就伸出一只大拇指，我一只手正好可以握住的大拇指，拉着我走。我急着向他炫耀："爸爸，我给你背今天老师教的诗吧！床前明月光，疑是地上霜……"他听得很认真，一边笑着一边说："真棒！"这时，那道光又出现了。它轻轻地镀在大拇指上，我用小脸轻轻地靠近它，暖暖的。夕阳下拉长的身影，有我，也有父亲。

后来的我，变成了一头大象。青春期的大象是最危险的，你不经意间就会踩到它的雷区，然后引发一场腥风血雨。父亲一句不经心的"这都不会，你真没用"，就像一颗火星，点燃了我蓄势已久的叛逆，一场燎原的大火燃起。我看不见父亲，也看不见那道光，只有满眼的火光。我开始自甘堕落，上课不听讲，作业也不做，成天抱着电脑宣泄自己的喜怒哀乐，一步步地试探那"没用"的底线。终于，当我那三位数的排名被父亲知道时，出乎意料，他哭了。也就是那一滴眼泪，把我年少叛逆的火浇灭了。我端详着父亲，看到的却是他悲伤又刻上岁月痕迹的脸，那道光呢？这次是在父亲心脏的位置，是灰色的，那是比绝望的黑色更加无奈的心痛。

那个晚上，我梦到了年轻时的父亲。那时的他，刚将篮球以一条完美的弧线投进筐里，就手舞足蹈地欢呼起来，那年轻自信的脸庞上散发的是绿色的光，充满着希望。

我太希望看到父亲身上散发出那有生机的光，所以我必须努力。希望这样的醒悟还不算太晚。我全身心投入学习中，恨不得把二十四小时当作四十八小时来用，每当我累了，想放弃时，仿佛看见那道光在变暗……一个激灵起来，我继续奋斗。

当我终于小心翼翼地拿着全年级第三的成绩交给父亲时，他沉默了好久。此时我终于明白，为什么年轻的父亲散发的是绿色的光芒了。你见过麦子吗？春天的时候，绿色的麦子以汲取更多的养分生长为骄傲，到了收获的秋天，金黄色的它们佝偻着腰，所有的骄傲是孕育出来的果实。

105

父亲抬起头来看我，那道光，这时又在他的眼里，但它没有如我想象的那样，由灰色变成金黄，而是一直都闪耀着淡淡的、暖暖的金黄色。原来，父亲太了解我了，所以他一直都相信我不会让他失望，即使那一瞬伤心了，但我一个转身的刹那，他还是饱含着希望。

父亲说："我以你为荣，自始至终。"

我忽然发现，父亲的光，是荣光，也就是我。

但愿，能陪着你老去

依 米

到底命中注定这事是好还是坏，至今我也不知道，但是，我知道的是——你就是我的命中注定。

我不知道你第一次牵着我的手是什么时候，但你知道的，当你用你温厚的大手包住我的小手时，这一生，我便是你生命中无法摆脱的挚爱。所以，我才会无休止地任性和胡闹。而你，无论生气或责怪，最后的最后，却只能包容、妥协和让步。小的时候还好，那时幼小的我还知道敬畏你，还知道怕你生气，会胆怯，会撒娇，会耍赖，但始终不敢顶嘴。但是，从什么时候开始我们却像敌人一样，口舌之战频繁不断。我摔门，不肯吃饭；你叹气，沉默地抽了一根又一根的烟。无疑，我深深地爱着你，而你爱我却是更多的，可是，为什么我们却像两只想要拥抱的刺猬，想给彼此温暖，却彼此伤害？

其实，更多的时候我都看着你独自在阳台低头抽烟的微驼的背影偷偷地哭。亲爱的，我难受啊，我不知道自己为什么总是不听话惹你生气，你这一辈子为了我，倾注了太多的心血，付出了太多，我是你的全部啊。更多的时候，倘若我温顺听话一点儿，你就不会在那么多的夜晚，眉头不展，频频失眠。天知道我多么想要成为你的骄傲，成为你的乖女儿。直到现在我才知道，我和你因为遗传定律就是同一种人——生气得莫名其妙，爱得不得要领，总让彼此伤心。

报考学校的时候我们是吵过的，年轻的叛逆总是那么勇敢，我执意要去无亲无故的北京；而你，却已经安排好当地的大学和专业并已经替我打探相关工作了。这是一场不可避免的战争。此去路途遥远，归期漫长，所以，我亲爱的你怎么会忍心，怎么会放心，怎么会舍得放手，让你捧在掌心、操心了大半辈子的女儿，在那么遥远的地方一个人生活；而我，是那么不甘，我实在不愿在你的安排下做我不喜欢的事，就这样没有真实心跳地去平庸了这一生。

其实我能理解你的，你要的是你最爱的女儿好好陪在你的身边，不必有多了不起，只要开心平安就好。有时候我会恨自己，连你这么简单的要求都满足不了，你要的仅仅是安心而已，我却为什么总是让你如此忧虑担心呢？只是，这些却很快就被心中那满满没受过打击而霸气得不行的追求所湮没。

你是绝对要让步的，你是世界上最了解我的男人，而我的倔脾气你更是清楚得不行，我最终还是当着你的面，点击了我想要去的地方。

在KTV中，同去的同学中不知道谁唱起了筷子兄弟的《父亲》。我就坐在沙发上，看着歌词，心抽搐般地疼。那个时候只有天知道我是多么想念你，想念我亲爱的你，想念这个世界上最爱我的、给我最多安全感的男人。

我亲爱的老爸，我很好，要相信，你最爱的女儿将独自成长，学会自己照顾自己，即使经历风雨的洗礼，也会变得更加坚强，会更懂得如何爱你，懂得珍惜你的爱。到那时，但愿，能陪着亲爱的你静静地老去。

那年杀出一个你

漪 言

我从未想过你会出现，从来没有。可是你却出现了，闯进我原本平静的生活，那么突然，让我手足无措。

那天晚上，不知道为什么母亲的肚子不舒服，然后父亲抱着母亲出门后便一夜未归，留我独自一人在家里害怕地哭泣。

打电话问父亲，他说："你要有弟弟了。"

嘴角噙着笑，声音里有藏不住的喜悦。

是的，是因为你即将降临人世了，他们便都要为你忙碌了，而我，再不是最重要的了。

那年，我十岁。

刚听到你要出世的消息，心里好慌。

第二天在学校里，我细细地想，顿悟。其实还是有些许端倪的。

怪不得，母亲会试探地问："你想要一个弟弟还是妹妹呢？"

食堂的阿姨会悄悄地问我："你妈妈是不是怀孕了？"

还记得我那时十分天真地回答说："我妈妈才没有怀孕，是吃太多长胖了！"

你看，我是不是很傻，这样都不知道你已经在母亲的肚子里悄悄长大，正在觊觎本只属于我的宠爱了。

放学了，父亲来接我。他说："带你去看弟弟好不好啊？"

"当然好啊！太好啦！"我如是说，心里却想着：我要看看你到底是个什么东西，竟敢来和我抢爸爸妈妈！

到了医院，空气中弥漫着消毒水的味道，我看到有好多亲戚在病房里，个个都是一脸的喜悦。母亲半躺着，叫我去看看弟弟。

远远的，我看见一个透明的箱子，一步一步地走过去，我感觉婴儿特殊的气味渐渐盖过消毒水的味道，很好闻。但是同时所走的每一步似乎越来越庄重，兴奋感也越强。

你慢慢进入我的视线，那时我才知道原来你是那么小，而且全身红通通的，一点儿也不好看。却不知为什么那么惹人怜爱，让人舍不得移开目光，特想狠狠地亲一下。可惜母亲说你必须待在保温箱里，防止着凉生病。我只能这样看着你，之前所有的恐慌和顾虑早已烟消云散，便只是看着你的小手微微动一下，我也会欣喜地蹦起来。

父亲说，要等到你大一点儿才能接你回家。于是我日盼夜盼，好容易才盼到你回家的那一天。仍记得那天在车上，我第一次看到你睁开眼睛。那一刻，仿佛整个世界都变得暗淡无光。因为，你的眼眸太清澈，太明亮。

然而，想必世上是没有十全十美的事情的，总有让人不称心之事。

照顾一个小孩儿实在是件十分费神的活儿。

如果作为母亲，无论孩子怎样烦心都能够包容，而作为姐姐，作为同样有着亲缘关系但是实在没有母亲那样的胸襟和耐心的我，照顾你的重担不再只是沉重，还掺杂了诸多矛盾。

或许你根本就不会清楚自己到底有多麻烦，多气人。

我喜欢看电视，特别是肥皂剧，可你居然在母亲的影响下爱上财经频道，从此令我的肥皂剧之路变得异常坎坷。

你饿了就会哭，困了也会哭，常常让我不知道应该去冲奶粉还是哄你睡觉。哭就算了，还哭得好凶；白天哭就算了，半夜还哭；这些都算了，每次哭都没有眼泪是怎么回事！或许，这不应该叫"哭"，应该叫作"嚎"吧。

最最可气的，是抱着你的时候会突然感觉到一股热流涌出，若是有裹尿布那还罢了，若是没有，那便不是光帮你换尿布的问题了……每当这种时候，会觉得"一把屎一把尿把你养大"这句话说得分外贴切，简直就是真理嘛！

所以呢，你在我身旁的每时每刻，我是多希望你永远只在玩玩具，不要困不要饿更不要大小便。只有你专心于玩具的时候，我才能省点儿心，顺便看看电视。

是的，你真的很麻烦、很麻烦，可是怎么就是没法不喜欢你呢？还真是很矛盾呢。

也许，我太喜欢你那句"姐姐"里软软的腔调吧。

不，远不止这个。

是因为——

玩玩具时的你，好专注。

安睡时的你，好恬静，好可爱。

喝奶时的你，好贪婪，好满足。

我和你玩，你就会笑得很开心，挠你痒痒，你也笑，看着你笑，你还会跟着笑，好喜欢这样笑的你。

我不会告诉你，其实无论你乖的时候抑或是不乖的时候，其实我都那么喜欢你，那么爱你。

是因为，你是我最亲爱的弟弟呀。

从那年，我在人生路上走啊走，半路杀出了一个你之后，日子依旧一天天地过，却是变得有趣了好多。我从小学生变成初中生，再变成高中生的过程中，你会自己坐了，长牙齿了，会叫爸爸、妈妈、姐姐了，会爬了，会走路了，上幼儿园了，会背诗了，会算数了……每一次进步，都令我那般惊艳，惊艳于你一点一滴的成长。

其实我们都在成长，悄悄地。起初自己并不知晓，直到某一天，才惊觉时光的魔力。

母亲说，你是上天赐给我们家的宝贝，是给我们家带来欢乐的。

我说："欢什么乐嘛，他明明就那么麻烦。"

可是嘴上这么说，其实是口不对心的。也许是太爱，才总喜欢掩饰自己真实的情感。

我想说的是，好感谢你。

好感谢你的出现，让我不再是独生女，不再那般孤独且骄纵。因为有你，我的世界不再单调，不再平淡无波澜。

亲爱的弟弟，我想继续看着你长大，看着你一步一个脚印地往前走。

既然你选择半路杀进我的生活，那么你就跑不掉了。

路不在脚下，在心里

路不在脚下，在心里

原味觉醒

　　在很长一段时间里，我觉得我是被上帝遗弃的孩子。妈妈总是嫌弃我黑，夸着别人家的孩子，我的记忆里没有过爷爷，和奶奶的关系也不亲近。

　　妈妈是个勤劳的人，在爸爸出门打工被骗进传销窝点的日子里，是她一个人卖水果扛起了整个家。我的脑海里总有一抹剪影：一个长发及腰的女人，一杆秤，一堆口袋，一些应季水果。

　　妈妈是个话痨，生活艰苦依旧活得风风火火，她不大谈论我爸爸，有时只是叹一口气，"你爸爸太老实了，不好。"

　　妈妈唯一一次离开我去重庆打工，是我上四五年级的时候。我记得那年她回家给我带了好多巧克力，是那种只能在电视上看到的，我迫不及待地剥开糖衣。现在想来，那些巧克力多半是假的，掺了太多香精，但那时的香醇味道却是永远忘不掉的。

　　妈妈第一次对着我哭，是在一个午后，那时她刚从重庆回来，我端来小板凳和妈妈排排坐。妈妈叫我低头，我乖乖地低头，妈妈伸出手指不停地在我头上戳来戳去，她好像有点儿兴奋，"咦，逮到了。"我伸出手掌，"妈妈，给我，我要掐死它。"于是一个白色的、看不出生命体征的生物，随着"噗"的一声就此陨落了。那天我和妈妈杀生无数，甚至可以谱成一部命运交响曲，那是我头上的虱子倔强的怒号。

妈妈说："你怎么就成了这个鬼样子？"说完她就哭了。我有点儿手足无措，因为在我眼中，她可是威武的皇太后呀，我不过是在学校染了头虱而已嘛。

妈妈再没有出去过，我知道她是怨奶奶的，怪她没有带好我。爷爷是在我四岁的时候病逝的，他是有些封建思想的，比如重男轻女。每次回老家上坟的时候，我的堂弟总会说："我记得爷爷总是牵着我到街上给我买个粑粑（南方面食），然后坐在楼梯口看我吃完。"大人们夸他懂事，明明我比他大一岁，可是我的记忆里连一个宽大苍老的手掌都没有。

妈妈说我小时候没人愿意带，她一个人要忙着生意，于是狠狠心把我绑在藤椅上任我哭闹，她说陪嫁的两把藤椅就是被我弄坏的。妈妈顿了一下继续说："你爷爷奶奶看我实在忙不过来，主动要求帮忙带你，可是等我忙完去找你时，你一个人趴在菜市场的一节阶梯上哼哼唧唧。你也是不争气，拉了肚子，可是他们就这样把你扔那儿，我一想就生气。"

我傻笑着，不知道怎么表达情绪，我想，上帝一定是暂时忘记了我。

爸爸打工碰壁后，回家和妈妈一起做水果生意，生活依旧是清苦的，天不亮他们就得起床。偶尔邻居老爷爷钓鱼意外收获了几只螃蟹，会做酸菜螃蟹汤给我吃。他家有只凶恶的沙皮狗，在我被它吓哭三次后，它失踪了，为此我高兴了老半天。后来才知道老爷爷是为了我才把它送走的，我有点儿愧疚，但是我尝到了幸福的味道。

生活总是离奇的，比如那天我家的馊水桶里死了七只耗子，爸爸嘟囔着不明所以，谈着谈着也就没人在意了。人们通常把想不明白的事情归于天地、神灵，现在想来，那可能是个征兆吧。

我还记得那个猩红的夜晚，很美。我听见爸爸叫我："快起，快跑。"我睁开眼睛，天花板上的夹板层冒出浓烈的烟雾，爆裂的瓦片啪啪作响。我愣了一下，我记得昨晚老式吊扇的空壳里掉了一只壁虎，它转着圈爬了好久，此时我抬头看，依旧能看见它的轮廓，可是它一动不动。

爸爸抱着我冲出去，妈妈还在找存折，爸爸吼了一下："要什么钱，命重要！"爸爸把我扔在不远的青石板上，真疼。返身回去抢救东西，我听见妈妈在叫老爷爷，那力道似乎把老爷爷家的门都要拍翻了。

妈妈没有找到存折，她很伤心，又哭了。她把我裹在被单里，她说："你乖乖在这里等着，妈妈一会儿就来。"

我把头露出来，我看见蹿到几米高的火焰，星光、火苗、夜空、大地，每一个画面都足够惊艳。人们叫喊，消防车鸣笛，流浪狗狂吠，每一个频率都能钻到耳朵里。那时，我真的没有悲伤，或许我还不太懂，我只是看着，那些被爬山虎眷恋的老房子，一点点释放出最后的光。

有人拿出手电筒照我，那些明晃晃的光束透过夜的阻拦，扑到我脸上，我下意识地躲开了，心想：喂，我又不是动物园的猴子。

我睡了很久，醒来的时候，住在表哥家里。我没什么感觉，只知道，房子被烧掉了。我随妈妈去了老房子，高高的老房子真的垮了，泥浆、瓦片……废墟，妈妈带着我进去，我看见了我的床，虽然它面目全非，我的小书包静静地躺在一边，有些脏，不过庆幸的是，它和我一样逃过了一劫。

后来，人们说，那场火，整整烧了七户人家。

生活总会有不如意。我开始学会感恩，我不会觉得自己是被上帝遗忘的小孩儿，那些爱我的人已经给了我第二次生命，我还能有什么不开心的呢。对于爷爷的做法，我无从考证，毕竟他离开我的光景实在太远。长大了，很少回奶奶家，可是我每次去，总会看到一个胖胖的身体在门口张望，老人家总会让我帮她数数皱纹。

爸爸依旧老实憨厚，我知道这样的性格是赚不了大钱的，可就是因为有这样的男人，才能在那个酱油拌饭的年代供出了一个大学生——他的弟弟。每个平凡的人身后都有一段不平凡的往事，就原谅这个世界爱新鲜，把他们忘得太快吧。

人的生命就像一条路，有长有短，没有人能一眼看到尽头。

把弯路走直的人是聪明的，因为找到了捷径；把直路走弯的人是豁达的，因为可以多看几道风景。

路不在脚下，在心里。

我是你的骄傲吗

离人阙歌

2月。

窗外一片寂静，这是一个刚争吵完的午后。我一声不吭地收拾衣服，叠好，放进行李箱。听说大哥昨晚又夜不归宿了，你们俩大吵了一架。

你说大哥不成器，整天就知道玩。

大哥说是你逼的，是你逼他学钢琴，是你逼他什么都要第一，绝不能输给别人。

你说那是因为不想让他输在起跑线上。

大哥问他是不是你亲生的，说你总是对他不冷不热的，从来都不过问他的成绩，连他钢琴比赛得了奖都不夸奖一下，反而把奖状撕了，他说别人要什么有什么，他要什么没什么。

你在大哥走后悄悄说，那是因为爱他。

就这样，你回答大哥的，总是短短的一句话。

"彤彤，别急着走，我送送你。"你走进房里，沉重地说。

我依旧一声不吭，背对着你。

我讨厌你们的争吵。

见我不吭声，你又说："我在客厅等你。"你走了，轻轻地关了门。

我曾想过要离开你、离开大哥、离开妈妈，离开这个有喜有悲有欢有忧的家。可在你关门的那一刻，泪水却止不住。

阿瑾对我说过，我比她幸运一万倍十万倍，她说如果她没有了父母做依靠，肯定活不下去。

尽管我自己可以生活，但是我未曾想过，离开了家人，我的生活会怎样？

你又进来了，我下意识地转过身，忘记了擦泪。

"你哭什么？不就是走一个学期吗？"你不屑地说。我抬起手想擦眼泪，你递过毛巾说："去洗下脸吧，我帮你收。"

我盯着你为我们兄妹操心而泛白了的头发，鼻子又酸了。接过毛巾，看你收拾我的课本。

你停了下来，背对着我说："彤彤，你要好好珍惜……你知道的，你大哥很不让我们放心……"

当你想要继续说的时候，转过身来，我已经泪流满面。

低头看着毛巾，是你刚才听我说我的毛巾不能用了，专门跑到商场给我买的，顺便买了我最喜欢吃但是很贵的巧克力。

"爸，"我顺势给了你一个大大的拥抱，"没事的，才半年而已，很快就过去了，你放心，我会好好读的。"

你笑了，"傻丫头，老爸能不担心吗？都不知道你在学校吃得好不好，等你回家了，爸爸一定亲自下厨，做你爱吃的。"

我点头。

如今已经差不多要期末了。

这周放假。又是一年中考时。明年这个时候，我也要中考了呢，不知道那时候，你会不会为我担心？

写这篇文的时候，阿瑾在我旁边啃着苹果说："叔叔看到了肯定会高兴死的。"

我说："他这种冷血的人，才不会高兴呢。也许会说我不务正业吧。"

你几个钟头前来电话，说大哥钢琴比赛又得了一等奖，你想为他庆祝。

大哥在旁边凑话："老爸今天反常，竟然主动提出要为我庆祝。"

"有庆祝你不要，那我取消了。"

"不行！难得一次……"

我在电话这头笑了，这次暑假回家，他们不会再吵了吧？可是老爸，你的头发是不是又白了许多了呢？你是不是又苍老了？你还在为我和大哥的成绩担忧吗？

此时2013年6月20日，凌晨1点。

耳边又响起了筷子兄弟的那首《父亲》："时光时光慢些吧，不要再让你变老了……"

阿瑾刚才说："彤彤，你今天听这首歌听了十几遍了，你是想问你爸，你是他的骄傲吗？"

是的，老爸，我想问你，我是你的骄傲吗？

117

路不在脚下，在心里

我 们 的 糖

尹罗娜

徐福记棒棒糖

初三，正值"兵荒马乱"的时期。就是在这样的背景下，我和你却意外地从同学进化为朋友，最后莫名其妙地升级为骨灰级的死党。

已记不得是哪次月考还是模拟考，最爱数学老师的我（我喜欢哪个老师，哪门成绩就好）数学考砸了。我深深地觉得对不起数学老师。想着想着就吧嗒吧嗒地掉起了眼泪，任凭同桌用怎样鄙夷的眼光看着我，我都懒得理。我的忧伤她不懂。

数学第一名的你此刻不管说什么，对我来说都只是一种讽刺。你懂我，所以选择了沉默。

午休，阳光明媚。我懒洋洋地趴在桌子上，一点儿精神也没有。你很神秘地拿出一根徐福记棒棒糖，"给你，这可是一根很神奇的棒棒糖哦！"我无力地接过，剥开舔了舔，甜甜的，有一股橘子淡淡的清香，除此之外，没有什么特别的。"感受到了吗？神奇的糖。"你单纯清澈的眼睛充满期待地望着我。我只是冷冷地说："一般。"你一本正经地说："它是甜的。甜到让人忘记忧伤。"我仰起头，将眼泪倒回。Sm，我不需要你说什么华丽的言语，只要你在我身边，我就会很满足。

德芙巧克力

虽然我们都如愿考入了省重点，可是却分在了不同的班级。3班，15班；一楼，四楼。

还记得你说，你喜欢吃巧克力，德芙的。可是，你生日的时候，我找了好久都没有找到，最后才选了别的巧克力给你。

其实，一直对你很愧疚。你说我是你最好的朋友，可是在你被班上同学孤立时，我也因各种原因跟班上同学较劲，成绩又处于低谷，忙得焦头烂额，无暇顾及你。后来一次偶遇，才发现已经好长时间没有看到你了。你的表情很忧伤，一下子抱住了我，什么也没说，然后便匆匆离开了。我才意识到，你肯定发生了什么。

抽出一个空闲的星期天去找你。你的眼泪让我心碎。Sm，你不过是个花季少女，何必装得那么坚强，痛了就要说，生气就要发泄出来，难过了就要哭，别人欺负你，你就还回去，这年头不强悍点儿就只有被欺负的份。你懂吗？

好丽友·派

转眼已步入高三。如今的我在理科的海洋中苦苦挣扎。选择了，我就不后悔。最终还是没能抵挡岁月的流逝，当十八根蜡烛熄灭时，我还是不可避免地成年了。虽然收了很多礼物，但是你的好丽友·派却是我最喜欢的。真奇怪，我们的友谊似乎总是离不开吃的。但我最爱的仍是糖，我们的糖见证了我们最初的美好。

后　记

Sm，你听好了：

第一，我不喜欢吃糖，因为我有蛀牙，只要吃糖就会牙疼。

第二，以后写信的时候记得我的称呼是Na（钠，与娜同音），不是Ne（氖），亏你化学学这么久了。你的Sm（钐，与姗同音）还是我帮你起的呢，多美的名字，多聪明的我啊。

第三，小屁孩儿，以后你受了委屈记得跟我说，别伪装成坚强的样子。

第四，你这家伙，记得对自己好点儿。

……

第八，关于德芙，Sm，yes，I do！

倒带

　　是不是每个班都有那么几个痞得要死又幽默得要死的男生，他们不在乎试卷上的分数，他们热衷于趴桌子和唱反调，他们总能制造出满满一教室前仰后合的笑声。当你回想起他们，像是听到一首旧日爱得不能自己的摇滚歌曲。那些被老师痛骂的男孩儿，那些捂着嘴偷笑的女孩儿，然后连自己都笑自己，青春还没走，怀念怎么近了？

增高大作战

艾汀医生

右眼皮从上午起就跳个不停，左吉右凶。我有一种不祥的预感。

忐忑不安地待在家整整一天没敢出去，百无聊赖地躺在沙发上看电视剧，好不容易熬到了晚上，右眼皮终于停止了高频率的跳动。就在我暗自庆幸着提心吊胆的一天终于过去之时，妈妈回来了。

妈妈笑眯眯地朝我走过来，双手掩在背后。

我兴高采烈地以为老妈给我带了什么礼物，"妈，给我带什么东西了，搞得那么神秘干吗？我就知道我妈最……"当我看见妈妈的双手里捏着一张又一张的纸时，我最后的那个"好"字生生地咽了下去，笑容顿时石化。

"妈，不会又是什么大作战吧？"我颤颤巍巍地问道。

妈妈以前嫌我长得太瘦，她常说："就你这小身板儿，来阵风就能把你刮走。"我没好气地翻了下眼皮，"妈，你说的是龙卷风吧。"

然后她就自顾自地制定了一套"增肥大作战"。自从那套计划实施之后，身上的肉没怎么长，倒是肚子越来越大了，到最后俨然就是一个啤酒肚。这套摧残了我整整一个月的计划最后以失败告终。

第二次，妈妈听到她的同事夸奖我白白嫩嫩，像个小姑娘，顿觉颜面尽失，于是，又制定了一套惨无人道的"猛男大作战"。

这里面最让我受不了的一条就是每天坚持晒太阳两小时。

妈妈说："男孩子就应该黑一点儿，看上去有男子气概。"

这间接为我得了一个"荣誉称号"——乌骨鸡……

妈妈的眼睛突然就亮了一下，"没错，这次我所制定的计划叫增高大作战。"我干脆闭上眼睛，她总会在宣布作战之后来个两小时的动员大会。

"你今年都十七岁了。你自己说，是不是有两年没有长过身高了？所以，我的这套计划最终目的就是为了让你从一米七三蹿到一米七五……"

敢情我就是一只小白老鼠，实验室里一只老鼠还只能做一次实验呢，我居然第三次了！

妈妈的魔鬼计划就此拉开了帷幕。

她把跳绳扔到我的面前，然后面带微笑地朝我说："先跳五百个。"

我张大着嘴，恨不得把妈妈吞了。原谅我此时的不孝，因为"先跳五百个"这句话实在是太坑了。要知道我的体育成绩都是勉勉强强才到及格线。

我走上前去，摇摆着妈妈的手。撒娇是女人最好的武器，虽然我是男的，但此时此刻，也只能死马当作活马医了。

"妈，商量下吧。要不就改成就跳五百个。"我朝妈妈眨着眼睛，施展美男计。

"乖，先跳六百个。"妈妈依旧是笑着。

"啊？怎么又变成六百个了！"我惊讶地询问。

"乖，先跳七百个。"

"妈，你不能这样！我可以去告你虐待儿童！"

"乖，先跳八百个。"

"好，我跳！算你狠！"

我气愤地甩下妈妈的手臂，然后转身拿起地上的跳绳，拼了命地跳起来，耳朵里是绳子摩擦水泥地发出的声音，还有绳子割裂空气的声音。但最让我感到恐惧的是妈妈那句慢悠悠的 "乖，先跳九百个" ！

当我走进浴室洗澡时我干脆就坐在地上，然后吐出舌头，大口大口地喘着气，像只身处在炎热夏季里的狗，身上是黏稠到发臭的汗水。

一千九百个，我妈真是凶残到令人发指。

清晨。

我转过头拿纸巾，妈妈迅速地将一粒白色药丸扔到我的牛奶杯里，牛奶表面冒起了几点气泡。我转回头的刹那，正好看见。

"妈，你在牛奶里给我下药啊？"我惊恐地看着妈妈，"是不是我有什么地方做错了，你可以跟我说啊？你何必下药，我是你儿子啊？虎毒还不食子呢！"

"我给你放的是钙片，增强骨骼的。"她端起杯子，举到空中，"再说，我都把你养这么大了，现在下药也晚了。"

一天的功课压得我喘不过气来。除了根号就是ABC，要么就是古诗词。

好不容易回到家，以为能休息下，谁知道妈妈早就守株待兔地守在门口，等着我这只撞树的兔子。

124

"妈，我今天好累。求求你放过我吧！"我有气无力地乞求着。

妈妈微笑着，没有说话，似乎是在考虑。就在我以为八成有戏的时候，她幽幽地开口说道："你就别做梦了，一个月后到不了一米七五，你就等着我天天不放过你吧。"

我放下了书包。我不入地狱谁入地狱！

"说吧，今天是要跳多少？让暴风雨来得更猛烈些吧！"我俨然一副英勇就义的姿态。

妈妈先是拍了拍我的肩，然后意味深长地说："今天不用跳绳了……"她话还没有说完我就高兴得手舞足蹈，直呼："母亲英明，妈妈大人万岁！"

然后妈妈就带我来到了家门口的不知什么品种的树边，她指着树上的叶子说："你跳起来摸这片叶子，然后摸五百下就可以了。不摸到不算。"

我顿时两眼发黑。

"妈，我还是去楼上拿跳绳吧……"就在我转身即将奔上楼的时候，妈妈一把抓住我的肩膀。

天知道我是有多艰难困苦。使劲地跳了不知多少下才摸到一次，如果你正巧经过就会发现，黑暗里有一个模糊到无法名状的身影以高速的频率向上蹿着，而那边能看清楚的，就只有一棵伫立的树。

激动人心的时刻终于到来了。

"激动吗？"妈妈问我。

我捂着急速跳动的心脏，朝妈妈点了点头。

"兴奋吗？"

我又朝妈妈点了点头，掩饰不住我欣喜若狂的心情。

"接下来，就是见证奇迹的时刻！"

妈妈将我推上身高体重测量仪，然后投了个一块钱的硬币。

冰冷的女声不带任何感情的播报着："体重六十公斤，身高一点七四八米，偏瘦。"

我惊诧地张着嘴，然后从机器上忐忑地下来，握着妈妈的手，乞求地看着她。"妈，放我一马吧。你看我好歹这个月也长了不少。"

她微笑着，抬起手，然后拍了拍我的肩膀。

"走吧儿子，招数管用，回家增肥去了。"

"不要啊……"

三 人 行

笨 笨

张哲在那个火烧云蔓延整个天边的傍晚对我说："舒芯，你真是虚伪。我当初一定是瞎了眼才会和你做朋友。"他那张总是挂着笑的面孔在火红的光线中有几分模糊，这张我曾经那样熟悉的脸在那一刻用那么憎恶的口气对我说："我真后悔认识你！"

1

我叫舒芯，有很长一段时间我都很排斥这个欲盖弥彰的名字。我不知道爸妈给我取名字时到底怀了多么美好的期许，我只知道，我辜负了他们，天生性格内敛又沉默寡言的我似乎从来都没有让谁舒心过。

9月，我以总分625分的成绩顺利地升入了高中，并且鬼使神差地进入重点班。但可悲的是，我是刚刚搬来这里的，这就意味着班级几十个人，我一个都不认识。看着前面自我介绍的队伍越来越短，我不禁幽幽地叹了口气。其实，我大可不必害怕"自我介绍"这种在别人眼中只是鸡毛蒜皮的小事的，毕竟，昨天我已经折腾了一个晚上来做准备，我甚至为自己写好了一张草稿，现在就放在裤子右边的口袋里。想到这里，我自觉安心了许多。

下一个就是我了。我把右手插进兜里形成一个虚握，身体却不受控制地抖了一下，恍惚中，我感到自己的呼吸微凉。怎么会？口袋里怎么会是空的呢？我又用力地掏了几下，后来干脆把裤兜整个翻了过来。对了，我现在穿的是校服，不是昨晚的那条牛仔裤！

完了。我抬头，只见几十双眼睛齐刷刷地盯在我身上。或戏谑，或冷漠。认命地闭上眼睛，我能想象得到我现在涨红的脸和即将发生的哄堂大笑。

"说话呀！"有人在下面起哄。"你说不说，不说就下去让下一个人先说。"有人面露厌恶。"没关系，别紧张，慢慢想。"也有前排的女生好心地小声安慰我。算了，早死晚死都得死，拼了！我冲那个女生感激地点了点头，随即扯开一个练习了无数遍的张扬笑容，"我叫舒芯，你们看……"我拉开校服上衣的拉锁，露出里面的牛仔马甲，"……我今天穿马甲来了，你们认识我；明天我脱了马甲，你们还得认识我！"

的确是预想中的哄堂大笑，但大家的脸上都带着分明的善意。我看了一眼台下笑得前仰后合的同学，悄悄地擦了把冷汗，匆忙地走下台，把下一位发言的同学抛到了脑后。

介绍依旧继续着："我就三句话。一、姓名：张哲。二、性别：男。三、状况：未婚。"

又是一场排山倒海般的大笑，连续两次的语言刺激已经让几位笑点低的同学毫无风度地趴在了桌子上。我猛地回头，一张开朗到过分的笑脸猝不及防地撞入我的眼帘。"刚才干得不错，很高兴认识你，舒芯。"张哲从我身边擦过，却留给我一份足以回味很久的温暖。

2

时间果然是最锋利的裁纸刀，总是可以轻而易举地戳穿我苦心经营的伪装。自那场乌龙的自我介绍之后，竟有不少同学来找我，盛情邀请我加入他们的小圈子。而没有朋友的我更是求之不得，只可惜，我还

倒带

是高估了自己。我的确会和大家一起疯闹，但不知为什么，我总是闹着闹着就脱离了群体，一个人立在一边手足无措。我也会和大家一起放声大笑，但不知道为什么，我总是笑着笑着就悄悄低下了头，暗自沉默。

到底是幸福走得太快，还是我走得太慢，总是差那么一步，就再也合不上拍。

如果说世界上99.99%的人都不会想和我这种古怪的人做朋友的话，那张哲一定是那0.01%中的怪咖。先是频繁地在我空间留言，再就是雷打不动地向我借笔记，最后甚至光明正大地当着我的面吃我的东西！

搞什么？抢我的房还占我的地！就算我脾气再好也不是路旁的自动贩卖机，就算是自动贩卖机也要给钱的好不好？我终于忍无可忍，抱起书桌上一摞比砖头还厚的课本狠狠地向张哲头上砸去。

张哲后来哭丧着脸对我回忆说："我就是想逼你出手，但我没想到你文静的外表下竟然藏着一颗那么恶毒的心，一下子砸得我是头也昏眼也花，少说也是二度伤残！"我冲他翻了个大白眼，拂袖而去。张哲的表情顿时就哀怨了，竟像一个闺中怨妇似的跟在我身后嗔我不解风情。当然，没人知道，此时依旧一脸淡漠的我其实正在心中暗暗发誓：张哲，我要对你好！我要尽我所能地对你好，因为……你是我的朋友，最好的朋友！

3

曾经一度认为，张哲就是老天送我的最大恩惠了，但我没想到，上帝他老人家觉得我还不够火，于是又派下了左左。

左左是我们班的插班生，一个漂亮得简直人神共愤的女孩子。还记得左左刚进班时，只是刚踏进半个身子，就让全班同学都倒吸了一口凉气。女生捧着课本窃窃私语，男生则不着痕迹地整理着自己身上一贯邋遢的校服。坐在我后桌的张哲更是夸张，一直在我身后絮絮叨叨地说着今天的发型不够帅啊，有损影响啊之类的话。

左左站在讲台上高傲地环视着我们，就好像她衣领的雕花越精致，就显得我们的教室越破败一般。奇怪的是，我明显感觉左左在看向我所在的方向时视线似乎突然停了一下，只是一瞬，就又移了过去。

难道她是在看我？这个念头刚一浮现，就被我迅速地判了死刑。要知道，我才不出众貌不惊人，高贵得如公主般的左左怎么可能会注意到我呢？但是，事实很快就证实了我的第六感不可动摇的准确性。仅仅相差十几分钟，我的同桌就从小黎变成了左左。我犹犹豫豫思前想后地矛盾了一天，还是打算向左左问清楚这是怎么回事。

左左轻轻地抽了一下鼻子，很可爱地皱眉，说："我真的不知道啊！是老师这样安排的。"柔柔弱弱的声音，哀哀楚楚的表情，果然是我见犹怜。张哲见状，也不知是真的爱心泛滥还是色胆包天，竟然直接把手搭在了左左的肩膀上，用鸡皮疙瘩都想自杀的声音安慰道："没事的，我们只是问问，没恶意的。"我抬手一掌拍掉了张哲的狼爪，然后一本正经地对左左说："左左，你要记住，在咱班有三防，防火，防盗……"我意味深长地看了张哲一眼，"……防张哲！"张哲这小子立刻露出痛心疾首的表情，仰天狂号："舒芯，我到底是哪辈子欠你的啊？你的伶牙俐齿怎么就对我好使呢！你这让我在美女面前颜面何存啊？"左左看看正在耍宝的张哲，又看看一脸严肃的我，"扑哧"一声笑了。

因为左左的到来，我和张哲的二人组很快就变成了三人行。一起吃饭，一起逛街，一起补作业，一起吐槽学校。十一长假，张哲强行拉着我和左左爬上了一座山。山顶人迹罕至，张哲却说要在这里释放天性，说完就旁若无人地朝天狼嚎《死了都要爱》。很快，左左也激动了起来，很自然地站在张哲身边给他和声。在这种强烈的刺激下，我的大脑终于死机了，居然跟着张哲的山寨机癫狂地跳起了舞！那是我十七年来最疯狂也最开心的一个上午，我沉浸在一种叫友谊的感情中不可自拔。

晚上，我一个人对着天空许愿：神啊，请让我们就保持这种关系，不要改变。

4

但是，你要知道，并不是所有的相遇都顺应了流年，并不是每一个愿望都会被实现。有时候人的感情就像是一场大宴，纵然是山珍海味，五味俱全，随着时间的流逝，终究会有变质的那一天。

忙过了紧张的期中考试，我突然发现自己每天轻闲得可怕。在家挂了QQ，却不曾有人来搭讪；给左左和张哲留了言，却只看到了他们头像暗淡。真的很无聊啊！我夹起课本打算去学校自习。期中考试时，我的化学考出了令人发指的水平，想想就觉得头大。

班级的门是开着的，我好奇地往里探了下头，没有看到人，但是左左的包和手机都放在桌上，应该是有急事出去了吧。我来到座位上，眼睛却从左左的手机上再也移不开了。多漂亮啊，白色的，的确符合左左的气质。同样是学生，只可惜我连个山寨的手机都没有。我叹了口气，翻开课本。

悠扬的英文歌在空荡荡的教室里显得格外诡异，我先是被吓了一跳，然后才后知后觉地反应过来是左左的手机在响，我凑了上去。小巧的按键不断变换着绚烂的光芒，明亮的屏幕上不停地闪动着两个大字：少爷。

少爷？视线下移，喊，原来是他呀！除了爸妈的手机号外，我背得最熟的莫过于左左和张哲的了，而下面显示的，不就是张哲的号码吗？只是，左左什么时候管他叫少爷了？我正犹豫着要不要接时，电话突然挂断了，紧接着一条短信飞了进来。好奇果然能害死猫，尽管我脑袋里一直喊着别看别看别看，手里还是按下了读取键。

"丫头，你生气了吗？我已经上车了，现在班里就你一个人吧？我马上就到，好左左，好丫头，你别生气啊。"

等一下，什么叫作就你一个人吧，什么叫作我马上就到，什么丫头、少爷的？我们不是说三人一体吗？那我呢，我为什么什么都不知道，我是被落下了吗？

我的大脑好像停止了思考，手指几近麻木地在键盘上运动。"真的不叫芯芯一起来吗？"我顿了顿，又把"芯芯"两字删掉，换上了"舒芯"。等我意识到我犯了多大一个错误时，手指已经按下了发送键。带翅膀的小信封在屏幕上转了一圈，转瞬就不见了踪影。

我愣愣地握着手机，那些翻涌的记忆如潮汐般接踵而至，势不可当地湮灭了我心底那块唯一柔软的角落。有多久了呢？张哲不再给我留言借笔记，不再向我要糖耍赖皮。又有多久了呢？左左不再回我的留言，不再叫我逛街，不再陪我写作业，不再向我装可怜。不是我粗心大意，只是我在努力自欺。我告诉自己，张哲对我的笑容没有越来越少，左左和我之间没有所谓的距离，张哲忘记我的生日只是意外，左左换了手机号没告诉我也不是故意。我告诉自己，其实他们都很在乎我的，就像我很在乎他们一样。

可是现在呢？现在的状况又该怎么解释？他们之间，到底还有多少是我所不知道的？原来，他们早就找到了他们想要的终点。而我，只是他们友谊的中转站，抑或者，早在左左进班时，那一瞬的停留根本就不是给我的，她的目光一直都是射向我身后的张哲……

蓦然忆起前几天在贴吧里看到的一个帖子，楼主说其实友情和爱情一样，都是容不下第三个人的。如果真的出现三人行，那必将会有一个人被淘汰出局。那么，我现在就是被淘汰出局了吗？

手机震，有新短信。"丫头，你怎么了？怎么又提起她？说实话，她根本就和我们不是一类人，而且你早就取代了她在我心中的位置。现在我只认定你，别瞎想了，我马上就到了。乖。"

呵呵，原来我们的三人行真的只是在放烟花，惊鸿一瞥的灿烂，注定要有一个人用寂寞来偿还。

我看着屏幕上的短信，一字一句反复地读下去。一瞬间，像是完成了一次从天堂到地狱的直坠，似有冰冷的海水淹没了脚底。如果说每个人无论经历过什么，遇见过谁，到最后她都只是孤单的话，在那一刻我突然深刻地理解了这句话，并且虔诚地相信。

5

晚课前，张哲突然把我叫了出去。不知道是因为火烧云还是因为愤怒，他涨红了整张脸，嘴里不停地说着："舒芯，你真是虚伪，我真后悔认识你……"一开始，我只是安静地听，后来开始小声冷笑，再到不可遏止地放声大笑。我一直笑一直笑，笑到不断有人向这里张望，笑到眼泪顺着脸颊淌下来任我怎么伸手去擦都擦不完。

我说："张哲，你说我虚伪啊？是因为那条短信吗？那我告诉你，你还真说对了，我还真就这么虚伪！"我挺直腰板，看着前面因我的疯狂而呆若木鸡的张哲，这场面还真挺好笑的。我说："张哲，你别以为我虚伪你就有多高贵，至少在我心里，你现在就是一文不值的垃圾。"

我推开张哲，径直走了出去。努力挺直的脊梁像是在宣战，我什么都不怕了。

6

春节前夕，我跟妈妈最后一次去这里的超市买东西。很幸运，因为妈妈工作调动，我们马上又要搬家了。很不幸，我们路过的一家店里正在放《死了都要爱》，这下意识地让我想起我和张哲、左左那天在山顶的狂欢。妈妈看出我的异样，小心翼翼地问我是不是要搬走了不舍得这里，又自责说对不起我，说他们离婚后我跟着她一天好日子都没过上。我笑着说才不是呢，能跟妈妈在一起我很知足了。我知道我拥有的不多，所以才要更加珍惜呀！

　　超市里，我好像又看见他们了。张哲推着购物车，左左踮着脚努力地够着货架，很美好的场景。我抬手揉了揉眼睛，可只是一闪，人就不见了。

　　2012年1月23日，举国欢庆春节。我趴在电脑前百无聊赖地刷着微博，眼前突然闪出这样一句话："亲爱的朋友，如果有一天，我视你为仇敌，请不要忘记，在此之前，是你先抛弃了我。"

　　不知怎的，我看着屏幕，突然呛出了泪水……

倒
带

暮夏深处没有时光机

陈勋杰

我叫陈城。是生活在南城的十六岁高中生。我就读的学校是南城一中，那是全市的重点文明中学，但毕业了的学长学姐们无不龇牙咧嘴地跟我们讲，南城一中是长江下游一带迫害学生的源头。唯一让人惬意的是，南城面朝大海，四季如春。

我喜欢南城，但是讨厌南城一中，所以也讨厌读书。这句话改成逆命题也一样成立。

每天清晨六点半我都在闹钟的连番轰炸下起床。天际微亮，云丝浮动。难挨的一天就这样拉开了序幕。我喜欢将校服衬衫的前三粒扣子解开，老师唤我小流氓，我却觉得很酷。巷子口的紫蔷薇在夏日的温柔中格外繁盛，它们相互攀在赭石色的大理石上，我蹬着单车倏地一下掠过，宽大纠缠的叶片便像绿浪一般波动起伏。

我会在三岔口的停车线上碰上我的哥们儿向哲远。他狼狈地咬着吐司，一边问我英语作业写完了没有。

"写个屁啊。二十六个字母都还没识全。"我抽出一只脚往他车架上一踹，向哲远趔趄了一下，又挺起来追着我喊："陈城你真没良心啊，你就这么看着我在安路然面前出丑啊。"

"早看腻了。"我逆着风大声喊，不由地加快了踩踏板的频率。

上帝是绝对公平的。既然每个班都有一个像我一般令人肝疼的差生，那么必然会有一个像安路然一般让人欣慰的优等生。

　　老师们喜欢安路然，向哲远也暗恋安路然，她像一朵无瑕的矢车菊般别在高二6班的招牌上让人崇拜让人景仰。但我却从来不对她感冒，尽管我承认安路然比班上女生的平均相貌高出那么一点点，但这并不妨碍我表达对高才生的藐视之情。她坐在第一组的第一个位置上，我坐在最后一组的最后一个位置上，我俩是黄金对角线。每次的英语早读都是由安路然来带读，安路然轻飘飘地站在那里，明亮的日光无意间浸在她的身上，像刷了一层薄薄的蜜糖。我只看见安路然的刘海儿均匀地铺在额头，微红的双唇不停地动着读着英文。这一幕我早看腻，于是闲来无事用试卷叠了几只纸飞机向安路然飞去，有的半路上打了个弯儿迫降了，有的直直地戳进了安路然的怀里。这时她只是停下来，将来路不明的纸飞机揉成团，然后轻巧地扔进抽屉里。

　　我跟向哲远说：“你小子就死了这条心吧。光看安路然那揉纸飞机时娴熟的动作，就知道她收过的情书已经有多少了。”

　　我以为我陈城可以一直这样在南城一中混过高三，不时地叠叠飞机，和安路然当上三年的黄金对角线。但是转机出现在高二的第二个学期末，我学习差到谷底，女班主任拿我没辙，一狠心将我从最后一排调到了第二排，然后全部的小组向左一挪。我发现安路然竟笔挺地坐在我的斜对面。我懊恼至极，因为我再也不能秘密地施放飞机了。

　　调整座位后的第一天，安路然来向我要英语作业。我受宠若惊，因为在交作业这码子事上我是可以被完全忽略的。

　　“不可以忽略。”安路然一字一顿干净利落地说，“班主任有交代，你以后必须交作业。再这样下去你连专科都考不上了。”

　　我捂着肚子笑起来。我说：“安路然你就跟老师讲，陈城今天肚子痛，恐怕交不上作业了。”说完旁边的同学零零散散地哄笑起来。

　　安路然上下嘴唇紧紧抿着，将刚收上来的作业往我桌上一甩，居高临下地对我说：“今天抄你也得给我抄完。”

　　我倏地一下子站起来。足足高出安路然一个头。我冲着她喊：

135

倒带

"成绩好了不起啊？我陈城从来不吃你这套。"

"这跟成绩有什么关系？"安路然说，"陈城，你就是没种。"说着她将蓝色的百褶裙一甩，无比淡定地扭头走掉了。

我竟然被安路然这最后一句话震得大脑霎时空白。等我回过神儿来时，我恶狠狠的目光却失去了目标，只有盯着桌子上瘫倒成一片狼藉的作业本发蒙。

我问向哲远："你说我哪里没种了？"彼时的风如同冰凉的指尖从脸颊划过，我和向哲远一前一后地踩着自行车，感觉夕阳正坐在我们的后车座上，所到之处洒下一片橙黄。向哲远没搭理我，他对着浅紫色的天空伸了个懒腰说："哎，我们怎么就高三了？"

是啊。时间真是个大骗子，我们怎么就高三了呢。我脑海里一幕幕闪过这些难挨的日子，心里突然动摇起来。

"向哲远，明天早上早点儿出门。"我说。

"你又要搞什么名堂？"向哲远不耐烦地说。

"我要抄你英语作业。"阳光照进我的眼，眼前一片粼光闪闪。我拐了个弯儿，飞快地骑出了三岔口。

从此生活变得更加难挨了。六点一刻，闹钟准时开始进行轮番轰炸。但我起码可以为自己出一口气了，那就是拎着抄得满满当当的英语练习册往安路然的课桌上使劲一丢，吓得她背脊一震全身哆嗦。尽管安路然嘴上仍然无比歹毒地说："陈城你嘚瑟什么，交上来也是全错。"但依然可以看得出，她对我这一良性举动感到无比惊奇。

一模放榜那天，香樟树的枝叶正长得飞速。日光透过叶片的罅隙在地上洒下一地斑驳。我自知榜上无名，于是在篮球场上挥汗如雨。刚看完榜的向哲远一脸死相，坐在阶梯边慢慢饮着苏打水。他说："陈城啊陈城，我们怎么办，就这样死在南城一中吗？"

"反正南城一中已经害死不少少男少女了。不缺咱俩。"我对着篮筐投出去，篮球却偏偏飞歪了。打球打到连地上的红白线也看不清了，我才想起我没带车钥匙，大家三三两两都散了，剩我一个人往教室跑。

结果在门口看见安路然正趴在课桌上哭。我一惊，又退了几步，安路然满眼婆娑地望了我一眼，低下头哭得更带劲了。湿答答的刘海儿胡乱黏在她的额头，像矢车菊的花瓣被大雨打折了腰。我以为我看见安路然这副模样会高兴得要死，但那天我却逆着光笔直地走进去，倚在旁边的课桌上，篮球在地板上跳跃发出浑厚的声响。

我说：“你不是考了第八名吗？”

安路然哭了好一会儿，末了对我说：“只有前三名才有保送的机会。”

“那我呢？”我说，“你不是说我连个专科都考不上吗？”

安路然抬起头来，眉间拧出细小的皱纹，“你自己不好好读书的啊，能怪谁。你可知道，我为了拿到这个资格有多么辛苦。”

“所以啊，”我把篮球捞起来捧在手上，说，“我考专科，你考重点。这分配多公平啊。”

安路然一下子笑了。她推我一把，说：“笨蛋，要考也考个三本好不好。英语作业辛辛苦苦白抄的啊。”末了，她竟然很不要脸地伸出一只手，要我拉她起来。

那天不知为什么，彩霞到了七点钟都还没有退。我便是借着这彩霞的光载着安路然送她回家，也许是车道边的湖光太璀璨，我和安路然一路上都缄口未言。一直到安路然家的那条小巷子口，她从车子的后座上轻盈地蹦下来，身后是同样鲜艳美好的蔷薇，我转身欲走，却被她叫住。

“陈城，如果我保证我能被保送，你能不能保证你可以考上三本？”安路然说。

我偏过头，以看一个神经病的眼神盯着泪痕都未干的安路然。“我凭什么向你保证，这也是老师交代的吗？”

安路然翻着白眼笑了。

不过，我再次把头偏过去，“保证是可以的，那如果我考上三本，你就做向哲远的女朋友怎么样？”

“那你还是当我什么都没讲吧。”安路然把布艺包挎上了些，向我招了招手退到灯光朦胧的小巷深处去了。

书上说，如果你讨厌一样东西，与其消极逃避，不如勇敢地去抗争。那什么电影里说的来着，生活，就是一个人的战争。那天回来的晚上我辗转反侧，细细想着，既然我那么讨厌南城一中，是否要努力地奋斗离开这里。或许我可以在毕业后龇牙咧嘴地对着学弟学妹们说，南城一中是长江下游一带迫害学生的源头，但幸好我不是受害者。第二天跨进校门的时候，我突然发现我变得如此热血，我破天荒地去了宣传栏看了招生表。整个年级大概一千五百号人，排到前一千三百名就可以上本科，如果再前进五百名，就可以冲进二本线了。我抬着头脖子都酸了，但心里暗自盘算着，努力一点儿的话，也不至于糗到考进倒数二百名吧。

那一年我十七岁。高考这把关公大刀正架在我的脖子上，但是我依然喜欢把校服衬衫前的三粒扣子解开，一抖一抖地从主教学楼中间穿过去。可是我对向哲远说："哲远，我们俩可不能死在南城一中。太可惜了，我们要走得远远的，离开这个烂地方。"

于是那天我和几个哥们儿玩了最后一把篮球，从此再没踏过篮球场半步。后来我才晓得，原来安路然每天放学后都在教室里自修，她像一位不食人间烟火的神仙，阳光卷着微风将她的刘海儿吹拂起来，她愣是连头都没有抬一下。只是一个人的自修，后来变成了三个人的自修，一个人的青春，变成了三个人的并肩作战。安路然说："陈城，你这可算保证了？"

我不置可否地笑了笑，说："那我和你说的，你也算答应了。"安路然说："想都别想。"说着做出那个招牌的翻白眼。

那年初夏的芭蕉绿得特别快。我，向哲远，安路然。安路然说我们是三剑客，每天下午六点半准时踩着霞光走出学校大门，大摇大摆像刚从战壕里爬出来。只是后来我骑自行车摔断了腿，没能再回到教室里静静熬过那漫长而又耐人寻味的黄昏。一开始向哲远还能载着我去上课，后来连续的阴雨天气，腿部受潮我只能困在家里，像关了禁闭。我抓起数学辅导书翻了两页，然后又扔回去，抓起英语笔记读了两句觉得太没劲。这样的日子持续了一个礼拜，后来向哲远说他们要二模了，我说："你可要好好考啊，城哥我支持你。"向哲远嘿嘿地笑了，他说这次一定认真考。末了他说："安路然答应做我女朋友了。"

我搞不懂女生到底在想些什么，安路然是来真的还是一下子心血来潮了，这比数学的压轴大题还难解答。还好那之后连续的晴天，我的腿拆下了石膏，起码可以一拐一拐地走进学校大门去了。我站在宣传栏的下面，看见二模的成绩榜单高高地挂在上面，安路然的名字排在第三，是前十名里唯一一个女生。我在那一刻突然眉开眼笑了，比自己进了二本线还高兴。我知道，只要综合评定不出意外，安路然保送的资格是板上钉钉的事情了。安路然牵着向哲远的手出现在我面前，她说："陈城，可就差你了。"

我把手插在兜里一脸死相地说："好啊。"心里却像灌了柠檬橘子汁一般酸。

那年夏天发生了许多大事。北京奥运会开幕算是一件吧，安路然被保送了算一件吧，我和向哲远都重生了，这也算一件吧。但是还是有些让人可惜，这个夏天一旦过去，可能就没有再更好的夏天了。犹记得安路然要保送离开的前一天，我们来到南城的大海边。天高海阔，云淡风轻，仿佛预示美好而明亮的未来，我的脚不能下水，于是呆呆地坐在旁边的石栏上。安路然玩得尽兴极了，她跑过来把一捧海水往我脸上抹，把我咳得够呛。但是我还是忍不住问她："安路然，你真的和向哲远在一起了吗？"

"嗯。这可不是你当初说的吗？"安路然回过头来说。

"我哪知道我后来会喜欢上你。"我一句话卡在喉结处，终是没有说出来。

"只是，暮夏深处没有时光机。"经过冗长的沉默，安路然默默开口说。

没关系，时光过得本来就很好，让它这样向前去吧。我将双手伸开，仿佛要把整个大海抱进怀里。

胖女孩儿的美好时代

迟雨荶

1

在这个世界上，每个胖女孩儿都会遇到一个让她心甘情愿减肥的人。

通常，这样的改变有两种结局：一是，以减肥失败告终；二是，即便你已经脱胎换骨、洗心革面、从头做人，却还是得不到他的青睐——依旧以失败告终。

那么我们亲爱的林悠然同学，就是后者。

当高一的暑假，林悠然脚蹬细高跟皮鞋、摇曳着一条粉色淑女裙去参加初中同学聚会，满心的欢喜就那么生生地被打破：齐止源的手臂正被紧紧地挽在隔壁班的班花手中，两个人十指相扣，神情甜蜜。

隔着张桌子，林悠然的心像极了那罐咕咕冒着泡的冰镇饮料——透心凉。

2

如果说在林悠然苍白乏味的青春里第一次有了颜色，一定是当她在初二那年的开学典礼上见到了在台上发言的齐止源。

他实在是太优秀了、太耀眼了，以至于任谁也无法掩盖或忽视他的光芒——即便是明德一中那套老土到不行的校服，也能硬被他穿出一副清爽帅气的模样。有女生偷偷在背地里议论，说齐止源符合小说里男主角的所有的优点与条件：帅气、聪明、体育好、人缘出众、家庭富裕……无论从哪个方向上看，他都是——无懈可击。

然而，对乖乖女林悠然来说，一直以来齐止源在她心目中的角色定位却只有一个，那就是全市第一。除此以外，别无他物。林悠然的梦想很简单，好好学习，天天向上，顺理成章地考入高中，再进入北方那所有名的大学，然后继续拿奖学金、保研、读研究生、考博……总之，她的人生早已被规划完毕，一切的一切都只不过是按部就班罢了，丝毫没有偏离的可能。她从来不在乎自己的穿着打扮，也不在乎自己的发型皮肤。和学校里那群花枝招展的女孩子不同，林悠然即便是到了十五六岁的年纪，还是一副天然呆的模样。黑色边框的老土眼镜、一成不变的齐耳短发，以及，那身一年到头也不会有任何变化的校服。不懂得好好打理自己，她就像是一只尚未开窍的蜜蜂，在一群蝴蝶的斑斓世界里茫然不知所措。

可是，青春期荷尔蒙这种东西，却不是说她想控制就控制得了的。一旦迸发，就会像源源不绝的洪水一样一发不可收，只得放任自流，在她的心头肆虐。即便她解得出各种复杂而诡异的解析几何方程，却无论如何也搞不懂在爱与喜欢这个禁地究竟该何去何从。只知道在齐止源偶然叫她名字的时候，心脏一通狂跳；只知道偷偷在自习课的时候，暗地里透过窗户的反光呆呆地看着他的倒影；只知道一遍遍地在日记里写下所有关于他的文字……

她就像是个白痴一样，自顾自地暗恋着。却不知道，她的王子，最恨的事就是被胖子喜欢。

3

齐止源对于胖子有种天生的恐惧感。

或许是从幼儿园时候留下的后遗症，那时他的同桌是个巨可怕的小胖子，有事没事就喜欢朝他脸上一个劲儿地挥拳猛打。文文弱弱的小男孩儿，就在被同桌殴打的阴影下活过了三年。只是，即便到了后来，他被选定为五年级的大队长，个头也越蹿越高，却依旧没能摆脱童年时被深刻在心底的隐隐的那种畏惧。尽管在他逐渐变得强大的过程中，齐止源终于不再害怕任何潜在对他构成威胁的胖子，却还是有种挥之不去的感觉萦绕在脑海，让他不知不觉就有种对胖子打心眼儿里的厌恶与鄙夷，恨不得一脚就把他们都给踹得远远的，再也不要出现在他的视线之中。

因此当林悠然艰难地捧着一大堆书，有些困窘地站在过道中间对他说"同学你好，可以让我进去一下吗"的时候，恶心反胃的感觉油然而生。这个学校该死的规定，按照每次考试的名次排座位，他没办法只得和这个胖女生成了同桌。有时候也会想不如就少考些分数，干脆不要年级第一的位置，也好过和这么个极品坐同桌啊！可终于还是没能战胜得了自己的虚荣心和自尊心，不甘就这样把榜首的宝座拱手让人。他巴不得林悠然可以发挥失常，这样他也不必忍受每天只要微微一转头就能看到那张好像是被水给泡肿了的脸。可是，就像他的稳定一样，林悠然居然也那么稳稳地占据第二的位子，毫无悬念。

他不屑于多看她一眼，也不屑于多和她说一句话。在齐止源的眼中，一个胖子早已输在了起跑线上，既然她带着满身油乎乎的赘肉，那么她也没有理由值得他去多关心一分一毫。

可是，现在的他却不得不承认，眼前的这个女孩儿……好像有什么和以前不一样了。

更自信？更乐观？更意气飞扬？他不知道。

4

　　天知道对于林悠然来说，每次考试都稳坐第二名的位子到底有多难。在初三那年，为了某个人，她从此就走上了一条不归路。每天从未在凌晨一点之前睡过觉，各种习题、试卷、参考书……总之，为了能在高中和他成为同学，她已经几近走火入魔的状态。

　　每天这种几乎自残似的学习，让她很快就会把肚子里的食物消化得一干二净。因而她不得不补充各种营养物质，以免自己会在某天的早上头昏耳鸣、两眼发黑，典型的缺少葡萄糖症状。然而，源源不断的巧克力却也带给她无法忽视的副作用——她的体重从四十几公斤猛增到六十公斤。一米六的个子，她再也不能只用"结实"来形容了，而是彻彻底底的，肥胖。

　　她当然也会很羡慕、很羡慕那些身材轻盈的美少女们，细长的腿、柔若无骨的胳膊、像燕子一样掠过的单薄，一切的一切，都让她无限遐想。可是，没办法，她每天巨大的脑细胞消耗逼着她不得不狂吃。

　　不得不努力，不得不拼命。

　　否则连唯一可以和他有交集的机会，都不复存在。

143

5

　　"来来来，我们敬班长一杯！齐止源，你小子现在可是够风云的啊，听说已经混到了学生会部长的位子了，牛，真牛，高二就能玩得这么风生水起的，哥们儿我佩服你！"

　　齐止源笑着接过对面男生送过来的杯子，一饮而尽。

　　这帮初中老同学聚会，齐止源总是会不出意外地成为众人中当仁不让的焦点。一如既往。

　　直到现在，她还是不敢明目张胆地看他。像个偷粮食的小老鼠，

倒
带

她总是无比小心翼翼地用余光去搜寻那个身影。班花的笑容，让她犹如芒刺在背，坐立不安。看来，即便是自己再怎么改变，也还是没有一丁点儿的办法让他注意到自己分毫。即便现在和他是同桌，他跟她，依旧如同两个陌路人，彼此相错，轻而易举地擦肩而过。

林悠然有些泄气地趴在桌上。

空调呼呼的冷风吹得她有点儿头痛，胃里也像海水般翻涌。

然后，顺理成章的，她华丽丽地吐了。

6

在回去的路上，林悠然的目光有些游离。因为她受凉难受的缘故，林爸爸不得不被同学打电话叫来，接自家的宝贝闺女回去。

可是，林悠然的问题却还是没有得到想知道的答案。

"爸爸。"在回去的路上，林悠然突然停住，轻声开口唤道。

"嗯？小悠，什么事？"

"如果……如果妈妈很胖很胖，你还会喜欢她吗？"林悠然认真地问道。

"哈哈，傻孩子！如果妈妈很胖，你还会喜欢她吗？"

"那不一样。"林悠然皱了皱眉头。

"哈哈，你的脑子里到底在想些什么？"林爸爸朗声大笑起来。

"喂！爸爸，回答我啊！"林悠然晃着爸爸的胳膊，显然不满意这个有点儿敷衍的回答。

"好好……"林爸爸竭力止住了笑，可眉眼中却还是有无法掩盖的笑意溢出，"不管你的妈妈是什么样子，哪怕，她某一天突然变成了猪的模样，我还是会很珍惜她，就像珍惜你一样。不过……"林爸爸又笑了起来，"哈哈，好肉麻啊！可千万别告诉你妈妈啊，以免她笑我一把年纪了还装恋爱中的小青年！哈哈哈……"

林悠然看着爸爸的笑脸微微有些出神。

她好羡慕。

羡慕爸爸妈妈的爱情。

没有胖瘦的束缚，没有身材的禁锢。只有爱。

只有，爱。

即便，你是一只很胖很胖的小胖猪的模样。

我也会，很爱、很爱、很爱你。

7

"所以，小悠是喜欢上哪个男孩儿了吧？"林爸爸抬头看着树梢上细细密密落下的阳光，轻声问道，"对吧？就是刚刚给我打电话让我来接你的那个男孩儿？"

林悠然有些吃惊，低下头默默地不说话。

"看得出来的。就是那种，很期待，却又打心底里有些自卑的感觉——是这样没错吧？"

她微微地点了点头。

"是因为觉得自己胖吗？所以最近在暗地里拼命地减肥，努力要把自己变得像现在这么瘦——也是为了他，对吧？"

两个人安静地不说话。7月的天气，黏稠的空气中连带着蝉儿嘹亮的鸣叫声。

林悠然突然觉得眼睛有些酸酸的，好想流泪的感觉。

"其实，没必要在乎那些东西。身材、高矮、胖瘦、愚慧……这些，都不重要。"林爸爸的步子渐渐慢了下来，"只要你怀着一颗心，一颗，很认真、很在乎的心。只要你可以很阳光、健康、开朗，那么，一切的一切，都不再是问题。要知道，一个女孩子最棒的地方，并不是她的瘦，而是，她的气质——她可以穿着自己喜欢的衣服，可以唱自己喜欢的歌，可以在众人的眼神中坚持自己认为正确的事，可以自信而精彩地活着，可以做她自己。可以渺小，却不卑微，有自尊、有爱心、有自信——那么，我觉得这世上没有人不会喜欢这样的女孩子。"

　　林悠然的眼睛突然变得亮晶晶的，"真的吗？爸爸你说的是真的吗？齐止源……他也会喜欢这样的胖女孩儿吗？"

　　"哈哈，傻丫头！胖又不是什么罪过，更何况你并不胖啊！总之，健康、快乐地成长，这对于你来说才是最重要的事，也是我和你妈妈对你的期待。"

　　"可是，胖女孩儿不会有人喜欢……"林悠然的眼睛又黯淡了下去。

　　"那就要看他有没有眼光了，是不是真的值得你去喜欢。如果他只是一味地喜欢只有外表没有大脑的女生，那么，他也不值得你去花费什么心思。而且——你凭什么觉得自己不配得到幸福呢？就因为胖？知道吗？你妈妈当初上学的时候可是班上的小胖妞呢！"

　　"啊？怎么会？"林悠然瞪大了眼睛。

　　"呵呵，是真的。那时候刚上大学，你妈妈因为家里'条件'比较好，所以养得很'壮实'，当然就是小肥妞一个！哈哈哈……"

　　"可是妈妈大学时候不是班里的班花吗？"

　　"谁说胖胖的女生就不能是班花了？你妈妈年轻的时候，参加了舞蹈班、书法班、插花班、绘画班……还有好多我不记得的活动，她总是里面最闪亮的一个。尤其是她跳舞的时候，那种自信的样子，就好像周身都笼罩着很耀眼的光一样，让人不想注视都难！而且，她还会自己做衣服，总会用各种很好看的材料剪裁成最适合自己的衣服——小悠，记住，衣服是要以人为准的，千万别本末倒置，逼着自己去适应衣服。"

　　林悠然似懂非懂地点了点头。

　　"总之，胖女孩儿也可以是很美丽的，只要，她也这么相信。而且，在她的爸爸妈妈的眼里，她永远永远都是最漂亮的那个小公主……"林爸爸笑得很灿烂，"小公主，我们赶紧回家吧。你老妈正在做你最爱的排骨汤哪！"

"好棒，快点儿回家！"林悠然大声地欢呼，扯着爸爸的袖子就往家的方向走。

所以，不管在未来的日子里，自己遇到什么样子的男孩儿，不管他们喜欢瘦瘦的还是胖胖的，都没有关系。

因为她记得，爸爸告诉过她，就算是胖胖的女孩子也值得被爱。正是因为会比瘦瘦的女孩子更难被发现闪光点，所以，她们才要加倍地爱自己。

她会谨记。

从此更加珍惜自己。

8

夕阳一片柔和的光懒洋洋地洒在回家的路上。

林悠然突然觉得，好温暖。

147

倒　带

创可贴

我要当班长，你有意见吗

　　易小菲不是一个狂妄的姑娘。在高中开学的第一天，高一18班在上演着土得掉渣的自我介绍，每个人说的话都大同小异。易小菲坐在角落里，忍不住倒出两颗绿箭口香糖扔嘴里，百无聊赖地想下午吃云吞面还是酸辣粉外加一杯奶昔。

　　轮到一个男生上台——注意到这个是因为他看起来意气风发，连脸上的几颗小痘痘都熠熠生辉。更重要的是，他的开场白是"好男人就是我，我就是吴建华"——台下笑成一片，他满意地环视了一圈，滔滔不绝地开始他的自我介绍，咬字清晰、逻辑清楚、颇具文采，看来早在心里演练过几遍。末了，他胸有成竹地对着整个教室说："我要当班长，大家有意见吗？"

　　"没有——"

　　"有。"易小菲不紧不慢、不卑不亢地吐出这个字，在大家回头看她的前一秒飞快地吐掉嘴里的口香糖，脸上的表情说不清是微笑还是不屑。

　　"谁有意见，举手！"

易小菲立刻把手举得高高的，心里的反动情绪蠢蠢欲动地燃烧起来，这班的同学怎么这样啊！怎么能让他轻易得逞呢！

　　那男生明显临危不惧，大声说："有自己就上台讲！"周边的同学开始起哄了，一副看好戏的模样。易小菲眉头一挑，糟了，她对班长什么的一点儿兴趣也没有，她就是看不惯那男生志在必得的熊样，或者她就是想唱一出反调！正当她准备硬着头皮上去时——谢天谢地，下课铃恰到好处地响了起来！

她的眼睛是琥珀色的

　　吴建华的确是当班长的料，一个月下来，繁杂事务处理得可圈可点，也和同学混得来。可他和易小菲没有说到三句话。奇了怪了，开学第一天那个飞扬跋扈的女孩儿仿佛是他荒谬的错觉。

　　平时的易小菲安静得很，都没有拿正眼瞧过他。她总是一个人走路，背着红色格子包，有时戴着耳机，有时手里拿着一杯奶茶，更多的时候她腮部一上一下地嚼着口香糖。他不由自主地想起益达的广告。

　　"嘿，你的益达。"

　　"是你的益达！"

　　他反反复复地回忆起那个下午，坐在角落里女生高高地举着她的手，午后的阳光打在她的脸上，她是面无表情的，但她琥珀色的眼睛无所顾忌地透过人群毫无障碍地与他对视——就是在那一刻，他感受到从身体深处汹涌出来的那种热血澎湃——他从来不怕竞争，从小到大。他最喜欢那种横扫千军万马把所有人都甩在身后的快感，当然棋逢对手就更好，胜利要来之不易才弥足珍贵！

　　但其实，明显，易小菲并没有和他争啊抢啊的意思，他如愿以偿地当上了班长。但怎么说呢，他有些失落。在看到她无可无不可地接受了班主任安排给她的文娱委员时，这失落竟越滚越大，很快就占据了他的五脏六腑，于是他整个人都变得空洞洞的了。

倒带

见鬼。

我在这里唱过一支歌

是不是每个班都有那么几个痞得要死又幽默得要死的男生，他们不在乎试卷上的分数，他们热衷于趴桌子和唱反调，他们总能制造出满满一教室前仰后合的笑声。当你回想起他们，像是听到一首旧日爱得不能自已的摇滚歌曲。那些被老师痛骂的男孩儿，那些捂着嘴偷笑的女孩儿，然后连自己都笑自己，青春还没走，怀念怎么近了？

比如张易。他迟到的时候总是站在门口吹一记口哨，歪着头："哇，老师你今天穿这条裙子漂亮爆了！"再东拉西扯地调侃几句，老师也就糊里糊涂地忘记批评他了。

他的哥们儿，也是个极品。一上课就睡得天昏地暗，一下课就从窗户跳出去直奔小卖部。有次上音乐课，气氛有些浮躁，大家都心不在焉，李楚豪突然把音乐书往空中一抛整个人从椅子上跳起来——旁边的人疑心他在梦游——他的耳朵不知何时冒出个硕大的粉红色耳机，他旁若无人、摇摇晃晃地唱："从我脸上的苍白，看到记忆慢下来，过去甜蜜在倒带，只是感觉已经不在，而我对你的期待，被你一次次摔坏……"

起初只有他一个人的声音，接着后几排男生跟着唱了起来，再接着，从角落里响起了一个有点儿沙哑的女声——是易小菲！她肆无忌惮地跟着唱，双脚在桌子下打着节拍，她有点儿感冒，声音里有种凛冽感，似乎随时都会破裂。大家先是一怔，看了一眼老师，然后纷纷加入进来，最后变成全班的大合唱："终于看开爱回不来，而你总是太晚明白，最后才把话说开，哭着求我留下来。终于看开爱回不来，我们面前太多阻碍，你的手却放不开，宁愿没出息叫我别离开……"

他们越唱越大声，唱到最后都有些歇斯底里了。音乐老师站在门口，微笑地看着她的学生们，她都不知道她眼里的柔情似水要滴出来了。她只是无限恍惚地想，希望她的宝贝女儿长大后也会在这么一个情不自禁的下午，有一群同样年轻的孩子陪她歌唱，有一个同她一样的老师目光温暖地注视着他们。

易小菲觉得老师是在看她，她陶醉死了！在那么一大群人的歌声里她依然清晰地听到她自己的声音，那么动听，那么与众不同，那么不可取代。她觉得快乐死了！这种快乐不同于她一个人坐在角落里听歌，这种快乐很放肆，很耗力气，让她恨不得拿出全身激情被这快乐燃烧殆尽。

恍恍惚惚中，她看到李楚豪冲音乐老师做了个鬼脸，她又忍不住翘起左嘴角微笑，哎呀，她在心里笑自己。

他曾路过你的眼泪

吴建华喜欢上了听《倒带》，也喜欢上了嚼口香糖。他每天都听，每天都嚼。

他在和易小菲一起做黑板报时问："你喜欢听《倒带》吗？"

"这首歌我只喜欢唱，不喜欢听。"

"为什么？"

"我觉得我唱好听点儿。"

吴建华在心里倒吸了一口气。

沉默了一会儿，易小菲没头没脑地问："你觉得Jolin漂亮吗？"他忽然就乐了，用挑剔的目光从头到脚看了她一眼，又假装思考了一会，才故作油嘴滑舌地说："还是你漂亮点儿。"要命，她又习惯性地微笑起来。

易小菲不知道，那节音乐课他的视线一直无法从她身上移开，她琥珀色的眼睛，她有点儿干枯的短发，她左脸上几颗小雀斑，她唱歌时张扬的笑。好像那个教室就是她得天独厚的舞台，她是女王又是女孩儿，她可以天真也可以冷漠。真是一个谜一样的女孩儿，他想。

他常在她的微笑里不知所措。他明明是那么容易和别人混一团的人，偏偏感觉怎么也走不进她的世界。她依然独来独往，偶尔也和班里的人开开玩笑，有时也和后几排男生胡搅蛮缠。怎么说呢，她好像对谁都随和，又好像对谁都疏离。

那晚10点他从教室离开，走到南边教学楼看到一个人蹲在阴影里，头埋在膝盖上。他一点儿也不奇怪自己一眼就认出了那是易小菲——只是，她好像在哭。

肩膀在抽搐，压抑的呜咽声。他突然就心乱如麻了，手脚不知往哪儿搁，那种不知所措又准确地找上了他。

"易小菲，你怎么了？"他靠近她，故意把脚步放得很轻，又不至于不被发现。她只抬头看了他一眼，又把头埋进膝盖里了。吴建华不知说什么，只好沉默。他在心里不停地骂自己，但他对这个女孩儿的了解，真的太少太少。

不知过了多久，她终于再次抬起头，泪水里沾着头发，眼睛通红，空洞洞地看着他。

"对不起。"他下意识地道歉，自己都不知道对不起什么。

"没事。去帮我买盒口香糖，好吗？"

他扔下一句"你在这儿等我"就奔跑起来，在他耳边除了风声就是书包里那盒口香糖碰撞的声音。他想，他总算能为她做点儿什么了。

但发生了一件他始料未及的事——他回来时，易小菲不见了！

千真万确！空荡荡的教学楼他的叫声显得那么突兀。没有应声。他蹲在地上等了差不多半个钟头，起初他还有些担心，但灵光乍现他突然明白过来——她是故意支开他的。

他的肩膀颓了下来，教学楼巨大的阴影笼罩着他。他就这样，慢慢地，脑袋一片混乱地，手里拿着一盒口香糖，失魂落魄地回了家。

说不出我爱你

日子不痛不痒地过着。

不知何时，易小菲和后几排男生变得异常熟络起来，连张易都跟她称兄道弟，常常不要脸地向她要口香糖。同桌陈萌萌时不时就在她耳边念叨："哎呀，你没发觉吗？班长对你不一样。"

易小菲斜着眼睛看她："你荷尔蒙失调？"陈萌萌无奈，在口无遮拦这方面她绝对不是易小菲的对手。

月考过后，易小菲被请到了办公室，高老师本来想酝酿一番劈头盖脸地给这丫头一顿骂的——她又自作聪明地帮李楚豪写试卷，成何体统！但易小菲一句话就让她把所有话都咽回了肚子。易小菲说："老师，下星期我要转学了。"

"怎么这么突然？"

"我爸妈离婚了，我妈希望我早点儿去她那边。"

老高看着这个云淡风轻的女孩儿，觉得任何安慰都是多余，该懂的她都懂。最后她从抽屉里拿出一张书签，在上面写了一句话，像明星一样龙飞凤舞地签上了她的名——她的字还是相当不错的。

"读万卷书，行万里路。"

易小菲又忍不住微笑了。她收到了很多卡片，一个个把她夸得像天上的仙女，当然，也有个别胡搅蛮缠把她往死里损的。

离开那天，有很多人去送她，后几排的男生，她的两个同桌，班长。他们大声地说："你要记得我们啊易小菲。"李楚豪抱着一箱子CD和一个耳机递给她，眼神不似平日的吊儿郎当："还是送给你吧，反正都被你听旧了。以后我会自己写试卷的……去了那边不要惹阿姨生气，照顾好自己。"

在众人的惊呼声中，易小菲紧紧地拥抱住了他。她在心里说谢谢，但眼泪一不小心就掉了下来。没办法，眼睛不听她的。她这个不靠谱的老哥，这个跟她掐过无数次架的老哥，这个威胁她帮他写卷子的老哥，这个和她同父异母的老哥，突然说出这么靠谱的话，还真是让她不习惯呢。

吴建华看着她跳上车，长长的手臂在空气里挥动了几下，然后汽车开走了，他站在原地微笑——老天，他的笑越来越神似某人了。不明所以。

他是学习上永不服输的黑马，但面对喜欢的姑娘，他说过的最霸气的一句话是——"我要当班长，你有意见吗？"

我在这座城怀念与你的过往

纯 白

大朵大朵纯白色的云，掠过我的瞳孔和我眼前的天空，映衬出一片温柔。我手执细笔，在一大沓同样白得不掺任何杂质的纸上，涂涂抹抹。不自觉间，竟勾勒出一张沉默而平静的面庞，熟悉得让我有种想落泪的错觉。然后那么突然的，我的想念与林亦如这个名字及那年夏天的记忆不期而遇。

一段时光和时光深处的初遇

3月，安然如烟，心事如蓝。校园的林荫小道上，来来往往的都是三五成群说笑打闹的女孩儿。这个午后，如果有人说它是风和日暄的，那是因为他达到了梦想的高度；这个午后，如果有人说它是浓情蜜意的，那是因为他邂逅了最美好的初恋；这个午后，如果有人说它是阴云密布的，那一定是我。

我吃力地抱着一大摞参考资料，向教室的方向一路小跑，跌跌撞撞。"让开！让开！"身后传来一声霹雳，我还没反应过来，就感觉到一股强大的冲击力——时间定格！在那一瞬间，画面的上方是一张张在空中曼妙飞舞的纸，而画面下方是一脸惊恐的正直直往下倒去的我！可惜这不是小说，往往没有英雄救美的情节，现实往往比我想象得更残酷——

我四脚朝天地躺在沟壑纵横、崎岖不平、满是枯枝败叶和小花小草小虫子的泥堆上，而我宝贵的试卷、练习册、辅导教材等等全都七零八落、四海为家了……更可恨的是，旁边一群路人甲路人乙事不关己高高挂起就算了，竟然个个都笑得那叫一个畅爽，让我的心碎了一地……这时，曙光出现了——

前方传来一声沉闷的"扑通"，吸引了这帮群众的注意。好奇心驱使下，我也顾不得一身泥土了，挤出人群，一看，大快人心！刚才那个撞了我没说对不起就开溜的男生正倒在地上痛苦地倒吸着凉气，而"女侠"就站在一边。我冲上去激动地抱住她，连声"谢谢，谢谢"，就差没来一个声泪俱下了。那位"女侠"只是表情淡淡地点了点头，说："同学，先放开好吗？你应该先去换衣服。还有，你大可不必这么感动，他本来就是我的死对头。"然后拍拍衣服，走人。

我站在原地，欲哭无泪。

心花在粲然中盛开

新学期的座位表如纵横相间的蜘蛛网，给一对对并不熟悉甚至陌生的人牵起了红线。我坐在座位上，看着身旁的空位，想起墙角的座位表上在我名字旁边的是"林亦如"三字。也就是说，她——林亦如就是我的同桌了。那她是个怎样的人呢？被好奇和期待不断折磨着，我不时向教室门口偷瞄。这个高高瘦瘦的？挺好看的。不对，她朝另一组走去了。又来一个，是她吗？有点儿胖，不过很可爱呀。哎呀，她朝后面走去了。我等了又等，盼了又盼。教室里空空的位置渐渐都坐满了，只剩她——来了！我使劲揉眼，怎么是她！

女侠！

她疾步走到座位上，打量了我一眼，然后坐下。"你好。"我小声地说，"你是林亦如？"她吸了吸鼻子，不置可否。然后，没有然后了。

过了一会儿，我撕下一张便签，在上面端端正正地写："你是不是不喜欢说话？那传纸条给你可以吗？我叫陈怡。交个朋友？"我小心翼翼地递给她。她犹疑了片刻，接过。

过了好久，久到我都以为我的请求被她拒绝了。突然她碰了碰我的手肘，我转过头，看到桌面上放着一张小小的纯白纸条。原来她也不是不近人情啊，我微笑着打开，她的字高挑精致："我叫林亦如，我喜欢云，喜欢纯白色，喜欢原味奶茶，喜欢作文，喜欢玩《小企鹅飞行记》，理想是考上大学……很高兴和你成为朋友，你很可爱。"

我一字一句格外认真地看过去，心底有莫名的小花悄悄盛开，灿烂而明媚。

我和她的美好童话

日子久了，我和林亦如渐渐熟络起来，从最初的小打小闹到每天形影不离，对她的印象也从原先的沉默冷淡变成——顽劣，很顽劣。

终于，在林亦如的怂恿下，我第一次违反班纪，和她偷偷摸摸地上了学校的天台。

"场地开阔，景色优美，适合约会。"林亦如斜靠在护栏上眯着眼打量着周围，半开玩笑似的说，"可惜啊，没有佳人相伴。""我不是啊？"我恨恨地瞪了她一眼。她也毫不客气地瞪了回来："开什么玩笑！在我心里，你就是个货真价实的男人啊好不好？""你哪里看出来的，纯属污蔑！污蔑！我这么柔弱的小身板儿怎么可能……""别装了，"她毫不客气地打断我，"自从上次你掰手腕一鼓作气连败五位壮士的光荣事迹传开以后，咱班有个'铁汉子'谁人不知谁人不晓啊？你要不是男人谁是啊？""讨厌！又提这事！"我挥着拳头朝林亦如冲去……两人疯得张牙舞爪不成体统，终于累得躺在了天台上。

凉风丝丝，日光尽倾，格外宁静轻柔地抚过面颊，在天台的那个

157

下午，感觉连时光的步履都是慢悠悠的。

我枕着手臂，望着蓝宝石般澄澈的天空若有所思。"林亦如，这样躺着看天空好震撼啊，第一次觉得它那么广阔博大，就算使劲张开双手也无法拥入怀中呢……遗憾的是今天的天空太过干净了，就看不到你喜欢的云了……林亦如，你说，我们能这样一直快乐下去吗？我好怕以后会分别，那样一定会很难过很舍不得啊。林亦如，这样好了，我们立个约定吧：要是你要离开的时候，我使劲拉着不让你走，你就留下好不好；要是我要先离开，不对不对，我怎么可能先走呢，还是不对，我干吗现在就想离开的事啊？你说我是不是很傻啊？"我絮絮叨叨地说啊说，突然意识到身旁一直没有动静。"林亦如，你怎么不说话？不会睡着了吧？敢情我说得这么动情你都没听到啊！"我幽怨地转过头，看了她一眼。

我至今还记得，那时躺在洒满阳光的天台上，风呼啦啦灌入衣领，掠过耳际，我侧过头，很清楚地看见夕阳金色的余晖跳跃在身旁女孩儿微闭的双眼上，浓密的睫毛在风中轻轻抖动，像极了残蝶的翼，稍被惊扰就会飞远。她周身笼罩着蜜糖般的光，仿佛一个美好的童话，脸部的线条安详柔和，嘴角上扬的弧度是何等的温柔，像极了我青春记忆里定格的绝美风景。

命运如无锋的墨眉

我正沉浸在红情绿意中，猛然意识到了不对劲。林亦如的唇苍白如纸，脸色却呈现醉酒后的酡红色，我使劲推了推她。

她早已不省人事。

医院。

我和林亦如并排坐在走廊的靠椅上，她闭着眼睛，脑袋耷拉着，手边的吊瓶上不知什么液体正一点一滴流入她的身体。"为什么要淋雨呢？""我不喜欢穿雨衣，"她的声音有气无力，"而且带雨伞很麻烦。"我无奈，"你真不会照顾自己。还好……""什么还好？"林亦如反问。

我始终没有告诉她，我庆幸的是，当时在天台上玩得最疯时，两人甚至跳出护栏攀着墙慢慢行走……现在我每回想起那一幕便心惊肉跳，总是不自觉地设想，当时，我是说如果当时，林亦如在高烧时昏昏沉沉地失了手，那，我是不是就永远失去她了……还好没有如果，感谢上天厚待。

残酷是青春的代名词

我去林亦如家的时候，正好碰见她的妈妈。她眼眶红肿，满脸泪痕。见到我，她慌乱地拭了拭眼角，沙哑着嗓子说："亦如在屋里。"然后大步地走了出去。

林亦如卧室的门是虚掩着的，我小心翼翼地推开，轻轻地走到她身边。她低着头坐在椅子上，并没有看我，只是一边用手背擦着眼泪鼻涕，一边用手使劲地划着手机屏幕，专心致志地玩着《小企鹅飞行记》。我想开口安慰她，可动了动嘴唇，还是选择了沉默。一时间尴尬的气氛在不断发酵。

沉默，沉默，她终于开口了："那天我桌上的日记本，你看了？"

"我知道的。"

"原本想让它成为一个被永远埋葬的秘密，不过……我没有怪你的意思。"她突然丢下手机站起来，转身用力地抱了抱我，笑得没心没肺，"我要走了。可能就在明天。"

"去哪儿？"我感觉全身一片冰冷。

"去属于我的世界。"她咬着唇，思索了一会儿说，"那里没有残缺的家，没有无奈的成绩，没有苦苦追寻却始终遥远如天边繁星的梦想，也没有你。但我会学着更勇敢。别担心，我一定会过得很幸福。"

偶然发现的不可告人

时间倒流——

上星期的体育课上，我身体不舒服，就让林亦如替我向老师请了假。趴在桌上百无聊赖地望着窗外开得细瓷般洁白的葱兰，感受着初夏浅绿色的气息氤氲在心间。不经意间，我瞥见林亦如的桌角边有一个精致的、纯白色的小本子。我别过脸，但在强烈的好奇心的驱使下，我的手一点儿一点儿移了过去……

她写："又荒废了一上午来玩《小企鹅飞行记》，离我的梦想更远了。我真的很看不起我自己，那么笨，都说要和陈怡一起考上大学的，可她学习那么优秀，而我呢，惨不忍睹。对不起，我肯定要失约了。"

她写："我真的好羡慕这只企鹅，它想飞，这梦想听上去似无稽之谈，可是它一直在努力，就算暮色已至，生命正在一点一滴地消逝，它也不放弃，我看到它的表情从来都是充满坚定、无畏，还有向往。我没有这样的勇气……"

她写："三年，我的游戏最高纪录始终没有超过五千米，我不仅实现不了自己的梦想，甚至连这只小企鹅的梦想，我都无能为力。"

她写："我很讨厌我的家，讨厌那个每次喝醉了就回来撒泼要钱拿我们出气的所谓的爸爸，讨厌那个冷眼相待无动于衷的所谓的奶奶，讨厌那个保护不了任何人只会动不动掉眼泪抱着我说'对不起'的所谓妈妈，讨厌那个千疮百孔没有一点儿亲情温暖却一直纠缠着不放手的所谓的家，它们总是让我很难过很难过，却不得不假装无所谓不在乎……"

我的眼眶涩涩的，突然意识到教室门口有人，抬头时只看到一片白色衣角，很快又不见了。我慌乱地把本子放好，心怦怦乱跳，努力安慰自己，是错觉，错觉……

原来那天倏忽间就不见了的身影，就是林亦如吧。

我苦笑……还记得当时在天台上，我说："林亦如，我们立个约定吧，要是你要离开的时候，我使劲拉着不让你走，你就留下好不好？"可现在，我甚至伸不出手去挽留你。

你不怪我，我却无可避免地作茧自缚。

你我已身处各自的彼岸

如初见般的9月的午后，忽然间消失不见了晴空，一大片浓重的墨色压在头顶。少女携起画板匆忙逃离，再回头，已是一片凄迷。

林亦如，突然好想你，那个从不喜欢穿雨衣又总嫌带雨伞麻烦的你，现在会记得带伞了吗？

林亦如，突然好想你，你会在哪里？过得快乐或委屈？

林亦如，既然说了再见那么就再也不要见了吧？我怕有一天邂逅，相视的瞬间也只剩下陌生，与其如此，相见不如怀念。

唯望在你的世界，安好。我哽咽着默念，又加快了脚步。

161

城堡里的秘密花园

单弦

他是一棵小白杨

路沿来家里找我的时候我正躺在床上看一本漫画书，她笑着霸道地把我的书合上，"别宅了，你不知道外面的花开得多美，去看看吧。"

这天的路沿穿了件碎花米色长裙，她在看风景，却不知自己也成了别人的风景，连妈妈都忍不住说道："沿沿真是俊俏极了，要是我们家丫头也如你这般那该多好。"

十七岁的路沿出落得比我漂亮得多，不单单是外表，连成绩她也要高我一筹。我的自卑就是在这样一天天的对比里衍生开来的吧，当镇上的邻里都夸奖她的聪明伶俐时，我承认，我心里泛起了酸酸的嫉妒。

其实谁愿意嫉妒自己从小玩到大的朋友呢，又有谁愿意自己的青春藏在别人的蓓蕾下，长成平凡的绿叶呢？我陷入矛盾状态，那滋味让我忧伤而不安。

也是在这年夏天，徐梓田转到我们班来。

徐梓田来我们班那会儿整个班的女生都闹腾了起来，原本死气沉沉的课堂瞬间充满了活力。身穿米色上衣、牛仔短裤的他从容地站在讲台上，他的自我介绍很短，微笑的样子好看却让人觉得难以触摸。

那时候的我们并没有打照面，每次下课放学他的周边都会围满女生，厚厚的人墙挡住了我和他之间两米的视线。他从不拒绝女生们递过来的纸条，总是笑着把它们一一放进口袋里。天晓得回头他会不会细看呢。

坐在我左手边的路沿留意到了我注视他的目光，她捏捏我的手，趴在我耳边淘气地说："这只是一棵树，我们不该为此放弃整片森林啊！"

我在心里暗暗地想：如果他是一棵树，便是我心上那高高直直的小白杨。

城堡有个秘密

有那么一段时间，路沿和我来往得少了，院里没了她的笑声变得空落落的。

原来她是接了老师布置的板报任务，每天放学都要留校写写画画，从找资料到选图再到设计版面花掉了她不少时间，可惜我在书写和画图上没有天分帮不上什么忙。

路沿一放学就让我先走不用等她。我看着外面迅速暗下来的天，想着她一个人回家不安全，况且这天气指不定还要下雨呢。想到这里，走到操场的我又默默地折了回去。

彼时校园已安静下来，走到近教室的时候竟听到路沿的笑声，稀稀寥寥，夹杂的谈话声听得并不很清楚。透过玻璃窗可以看到两个身影，高高瘦瘦站在那里画图的正是小白杨徐梓田。

我意识到了自己处境的尴尬，默默地走开了。

隔天，我向路沿问起板报的情况，她说了一些细枝末节却未曾提到徐梓田，语气里似乎还有刻意掩饰的慌张。于是我向她坦白我昨晚看到的一切，我说你应该告诉我的，他陪着你我也放心些。

"我不是故意瞒着你，只是他不想让人知道他在学画画。据说他的父亲管得特别严。"阳光下她的睫毛一闪一闪的。

经过四五天忙碌下来，板报终于完成了。那天进入教室，每个人都被黑板上面那造型独特的油画城堡吸引了，它的色彩是大胆的鲜明，那直入云霄的建筑华丽却不拘一格，像所有人藏在十七岁青春里的神秘花园。

老师对路沿的板报给予了极高的评价，她却只是笑笑便继续低着头看书，样子很是谦逊。

我想，除了我之外，应该没人知道其中的秘密了吧。

果冰棍奇遇记

谁知道我和徐梓田还会有这样一场相遇。

天气预报说多云转阵雨，我抬头看着晴空万里，觉得真是无稽之谈。约好五点半一起去球场的路沿还没到，我百无聊赖便想着吃冰棍解乏。

"我要那个绿豆口味的，还有这个这个……"我一口气买了四根冰棍，然后坐在学校小卖部门口的阶梯上开始大口地吃着。太阳真大，不一会儿冰棍的包装袋就起水珠了。

忽然，一抹红色的身影从我面前飘过去，小卖部里传来熟悉的声音："没有杜果冰棍了吗？"许是刚打完球口渴了，声音里竟有些许失望。

小卖部老板跟他解释着冰棍刚被别的客人买走，然后徐梓田的目光就落到我身上来。那时的我真是心有不甘啊，同在一个班，我那么多穿着裙子装得很淑女从你面前走过的时候你都不注意我，偏偏我现在狼吞虎咽你倒望过来了。

他慢慢走近，我听见自己清晰的心跳声，然后看到他的目光慢慢落到我手中的杜果冰棍上。"买那么多也不见得能吃完吧？"这句话说得直接一点儿应该是："我很渴，快把你的杧果冰拿来给我。"但是这样的徐梓田却让我觉得一点儿距离感也没有，可爱异常。

我大方地把冰棍递给他，"那这个请你。"他竟像个孩子一般笑得没心没肺地接过去。

从前看起来遥不可及的徐梓田竟因为一根冰棍和我走近了，这真不可思议，更让我开心的是，原来从走进教室的那一刻起，他便注意到我了。"我记得你当时穿着件深蓝色短裙，很安静的样子，却一直盯着我看。"

我想，在徐梓田走后我脸上的羞涩都还没散去，它一定如这晚霞一般红彤彤。但是在我跟路沿讲起这个事情的时候，她却语气淡淡："男生的话嘛，听一半信一半就好了。"

我不知道路沿说这些话的时候是怎样的心情，偶然间我忆起那天在教室外面听到的笑声，突然觉得我和路沿隔得好遥远。那么你的话，我又该信几分呢？

措手不及台风天

台风在两天后悄然来袭。

那天下午太阳还出奇的好，班上几个同学结伴在球场看了几场球天空就开始暗下来了，不一会儿已变成灰蒙蒙的橘黄色。"要下雨了！"有人说，然后人群便散去了大半。

显然路沿还没有反应过来，她把目光从正发信息的手机屏幕上移开来，"怎么了？怎么一下子都散了？"我指指那发黄的天空，"我们也赶紧走吧，再不走该淋一身雨了！"

狂风卷起落叶漫天飞舞，大雨说下就下，我们来不及跑回教室只能到旧教学楼下避雨了。说来也巧，我们竟会遇到同来躲雨的徐梓田。

他的球衣已被雨打湿，却还笑着和我们打招呼。我抬头看了看他，终究无法像上次那样从容，倒是路沿打破了沉默的尴尬："你衣服淋了水，小心别着凉了。"

好像他们嘻嘻哈哈聊了不少事情，我努力凑过去听，他们的声音却还是被偌大的雨声淹没了。我苦笑着看天，真是个坏天气呢。

然而生活也如这台风天一般让人措手不及。星期四老师才宣布路沿的海报拿了全校视觉系列一等奖，下午关于海报插画真正的作者是徐梓田的消息就传开了。一时大家议论纷纷，一方面为了徐梓田好心帮忙却被路沿冒名顶替抱不平，一方面又惊讶于外貌出众的徐梓田竟还有这一门才艺。

徐梓田的那句"不关路沿的事，是我让她瞒着大家的"听来反而像是帮路沿的另一个借口，好像除了我再没人相信了。

那天下午整个教室像是被罩了一层阴云，大雨一直下一直下。路沿趴在桌上一句话不说，很久以后她轻轻把一个纸条递给了我，那个纸条上面只有一句话：

"是你说出去的吗？"

有那么一瞬间我听到内心轰隆隆崩塌的声音盖过了外面的雨声。

花 事 未 了

台风过境，镇上的田地都是被摧毁压弯的庄稼。我站在田里，感觉我的心也像刚刚刮过一阵台风。

我不知如何面对误解我的路沿，干脆趁着假期跑去乡下的外婆家。

我搭着过路车看到了碧绿的草原和辽阔的大海，我很想再去看看大凡山那满树满树的花开。可惜那些日子乡下总是雾气蒙蒙，我每一次自以为是的徒步登山总是因为路况不好半途而返。从小到大登山都是有路沿陪着的，许是这次没了她在身边说着闹着我也便少了些兴致吧。

后来几天我干脆陪着外婆在屋檐下织起了毛衣。我说外婆你帮我收了这个尾吧，我想带回去送人。临走的那一天天空突然放晴，我终于看到后山上那如繁星点点的红花，我的心境也豁然开朗了。

那件毛衣我是想带回去给路沿的，只是假期回来后路沿却悄无声息地换了座位，坐到离我有些远的位置去了。徐梓田抱着书包向我走过来，我以为他想调来和我做同桌，正尴尬着，不料他却凑近我耳边说："唐望，你跟我出来一下。"

我们去了学校附近的糖水店，我不知道徐梓田是不是还为了那件事情，这样郑重其事把我叫出来让我有些不安。

"别怕，我知道那件事情与你无关。"他先开了口。

我疑惑地看着他，"你怎么知道？"

徐梓田的回答让我愣住了：

"因为拆穿路沿的人是我。"

雨后最是艳阳日

我努力想在徐梓田脸上找到得意的痕迹，但是没有。他的眼神阴郁得像黑压压的云朵，"你知道吗，严格说起来我是路沿的哥哥。"

我张了张嘴，不知道怎么回应。

"其实十四岁那年，我便知道了父亲有外遇。年少的时候想着这是一件多可怕的事情。那时候的自己，努力地学习，努力地画画，想着未来有一天能带着母亲摆脱这种束缚。后来我听说了我同父异母的妹妹在这里读书，带着好奇和不安转到了这个学校，那时候我就想扮好人然后借机报复她。我以为看到她现在的样子我会感到快乐，但是没有。放假的时候我自己想了很多，越想越悔，刚认识的时候她那样淘气开朗，我多希望一切回到最初的模样。"

夏天的尾巴似乎还调皮着在地面玩耍。冰棒被融化后流过我的手心，滴到地面上，发出"嗞嗞"的声音。

徐梓田站了起来，形成了一个高高的屏障帮我挡住了太阳。

"好了，我最大的秘密给你知道了，这件事我会给路沿一个合理的解释，在这里我请求你帮我一个忙。"

"什么？"

梓田弯下腰，微笑地望着我。

"我不想让那个丫头知道她有个同父异母的哥哥，如果哪天她喜欢上我，我可以告诉她我喜欢你吗？"

狂风暴雨都慢慢失去了傲慢的姿态，雨后的阳光显得明亮且充满活力。城堡里的花园，藏着我们多少人的秘密故事。